JN300910

園芸福祉入門

進士五十八 吉長成恭 監修
Japan Horticultural Well-being Association
日本園芸福祉普及協会 編

創森社

全国で進められている多彩な園芸福祉活動

保育活動の一環として野菜を栽培（大阪府高槻市）

耕作農地を体験農園として（新潟市）

介護予防を農園活動で（埼玉県川越市）

自閉症児との園芸交流（岡山市）

自宅農地の一部をハーブ農園として開放（栃木県宇都宮市）

遊休農地を地域交流の場に（千葉県野田市）

知的障がい者施設で草花苗生産（広島県呉市）

地元企業と連携して農園活動（静岡市）

バリアフリーシステムでイチゴ栽培（三重県名張市）

ハーブ公園活動の一環として（島根県邑南町）

商店街活性化に向けて（長野県駒ヶ根市）

行政による周年行事の花壇づくりに（京都市）

精神科治療の一環として（熊本県益城郡）

日本園芸福祉普及協会の主な活動

●普及啓発関連の活動

2005年園芸福祉全国大会（福岡市）

毎年東京農大で開催される
園芸福祉シンポジウム

海外園芸福祉事情視察研修
2006年イギリスのシティファーム

講座開催地で開かれる初級園芸福祉士
実践事例発表会（2006年愛知県）

実践事例発表会では実技講習会も
（2007年新潟県）

地域シンポジウムの開催
（2007年愛知県名古屋市）

●地域での普及を担う人材を養成する初級園芸福祉士養成講座

花壇実習もある初級園芸福祉士養成講座

初級園芸福祉士養成講座の授業導入モデル認定校での修了式

作品説明と講師講評で受講者全員で情報を共有

全国各地に広がる
園芸福祉活動

講座開催地（★）
と認定者の居住
都道府県分布
（2007年現在）

色彩と園芸福祉　**色のイメージと感情効果**

	色	説明
	赤	すべての色でいちばん暖かい 生命力　　　エネルギー 膨張　　　外向性　　　愛情 血圧が上昇し、呼吸や脈拍が増える 食欲が増進する
	ハナツルクサ エンゼルランプ ヒガンバナ キャットテール、クコ ツルウメモドキ	
	橙	陽気　　　気楽　　　元気 秋　　　　収穫 食欲が増進する 元気づける効果をもつ 少量で訴求力がある
	ストレリチア、シーマニア キンモクセイ キダチアロエ ホオズキ	
	黄	最も明るい色 心を明るくする 独立観念を促す 知的　　　快活　　　希望 喜び　　　栄光 使用しすぎると不愉快になる
	アカシア、オクラ ナノハナ、アリッサム カルセオラリア・ルゴサ イエローサルタン ヤマブキ	
	緑	人類にとってなくてはならない色 回復　　　平和　　　安定性 持久力　　　静穏 目に働きかける 苦痛と緊張を解きほぐす最善の色
	ヘデラ アジアンタム ペペロミア カンガルーアイビー オリヅルラン	
	青	最も冷たい色 青春　　　誠実　　　献身的 保守主義 呼吸、脈拍、血圧を下げ、神経を 静めてくれる色 多くの人に好まれる色
	ツユクサ イングリッシュラベンダー ネモフィラ・メンジージー ムスカリ ルリタマアザミ	
	紫	エレガント　　　ロマンチック 高貴　　　病弱 聖職、宗教の儀式の色に使用 体に途方もない浸透力がある 使用するときには注意をうながす色 芸術的才能を高める
	ホテイアオイ ブルーレースフラワー アリウム カンパヌラ ボルドーギク	
	白	寒々しい　　　清潔　　　純真 無邪気　　　感覚的否定 ひとつの環境にあまり多く使用す ると孤独感を与える どんな色と組み合わせても調和する
	コデマリ、スノーフレーク サンユウカ、ウコン スパティフィラム カモミール シャスターデージー	

園芸福祉活動を始めてみよう

園芸福祉の活動をひと言でいうと、「仲間をつくり、草花を育てて、みんなで幸せになろう」という活動です。それも、地域に暮らすさまざまな人たちが、同じ立場で参加、植物を通した多彩な活動を展開し、一緒に楽しみ、豊かな地域社会を創りだしていくことを目的としています。

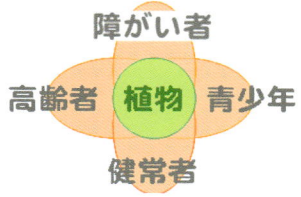

みんなが同じ立場で
障がい者／高齢者／植物／青少年／健常者

下のダブル・クローバー図は、これから活動を始めようというときに、仲間の皆さんで相互に確認、共通理解をもつべき要素、①基本要件：活動を始めるにあたって明確にすべき点、②共有要件：活動に参加・運営する人々が共有・理解すべき点、③実施要件：具体化の段階で留意すべき点、をまとめています。常に、この図を忘れず活動してもらえれば、みんなに楽しんでもらえる活動が続けられていきます。

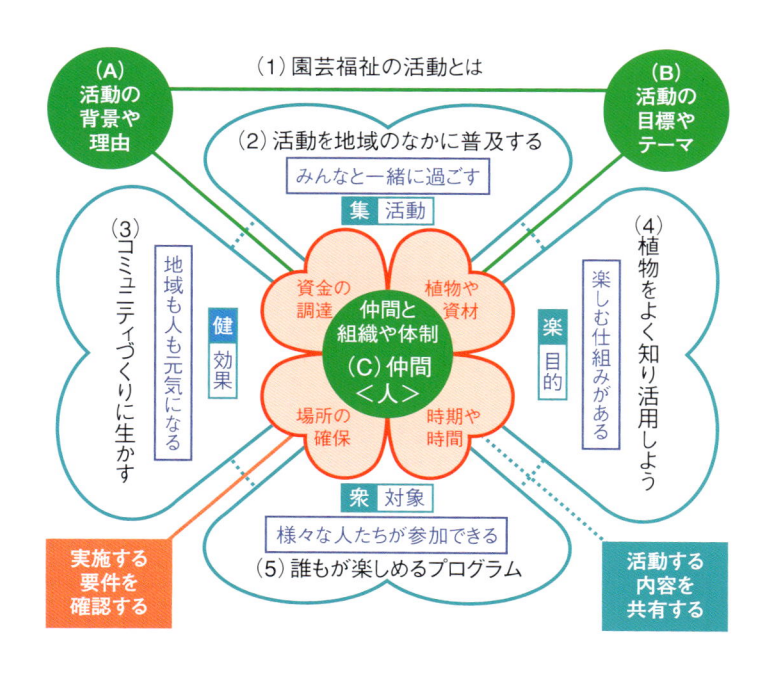

ダブル・クローバー図

- (A) 活動の背景や理由
- (B) 活動の目標やテーマ
- (C) 仲間 〈人〉
- (1) 園芸福祉の活動とは
- (2) 活動を地域のなかに普及する
- (3) コミュニティづくりに生かす
- (4) 植物をよく知り活用しよう
- (5) 誰もが楽しめるプログラム

仲間と組織や体制：資金の調達／植物や資材／場所の確保／時期や時間

- 集　活動：みんなと一緒に過ごす
- 健　効果：地域も人も元気になる
- 楽　目的：楽しむ仕組みがある
- 衆　対象：様々な人たちが参加できる

実施する要件を確認する／活動する内容を共有する

序文 「経済福祉」から「環境福祉」へ

　私たちの日本園芸福祉普及協会が設立されたのは2001年4月、池袋の東京芸術劇場においてであった。
　その年の11月、地元関係者の熱心な働きかけもあって当時の北川正恭知事のあいさつに始まる「第1回園芸福祉全国大会・三重大会」が伊勢志摩のホテルで開かれた。地元と協会が共催、厚労省、農水省の後援という形で、その後も第2回長崎県（2002年11月）、第3回北海道恵庭市・北広島市（2003年8月）、第4回静岡県浜松市（2004年9月）、第5回福岡県（2005年10月）、第6回岐阜県（2007年10月）と続く。
　2002年4月には、特定非営利活動法人（NPO法人）に認証され、毎年6月、NPO法人理事長である私の大学（東京農業大学）を会場に「総会・シンポジウム」を開催、2007年で6回目を数えている。その間、中部電力など企業、全国各地の自治体、農業高校などからの依頼でシンポジウム、講演会、研修会、研究会も開いている。
　特に、協会主催で企画・実行している「初級園芸福祉士」養成のための講座と資格制度は、2003年約200名、2004年約400名、2005年約600名、2006年約750名、2007年約850名の登録と、回を重ねるたびに増加している。その内訳を2006年度までの初級園芸福祉士養成講座で見ると、全国30都道府県で開講、修了者総数3500名に及ぶ。2007年度の資格認定者は、全国46都道府県で3000名近く、受講者の出身分野は園芸・福祉・教育・医療など多彩であり、年代も17歳から80歳まで幅広い。
　いずれにせよ、老若男女の広汎な参加がみられ、その関心の高さは、当初の私たちの予想を遥かに超えている。

　私は数十年前から、「経済福祉」から「環境福祉」へを提唱してきた。

公害反対運動やエコロジー運動の潮流のもとで、いわばその反動としての〝環境〟や〝アメニティ〟志向ではなく、もっと積極的かつ創造的に「環境と人間の関係」を構築すべきだと考えたからである。
　自然や環境を、地球環境問題があるからとか、人間生存の基盤が破壊される恐れがあるから、なんとかしなければならないというふうに捉えてかかるエコロジスト的立場では、なんともさびしい。自然や環境というもののもつ大きな意義や、そこから得られる悦びを、人生のなかでもっとポジティブに考え、これを享受するようなライフスタイルを構築することこそ大切ではないか。およそ、人間と自然、生き物との関係史とはそういうものではなかったか。
　そういった目でみたときに、人間自身への福祉政策も、その重点のおき方に疑問を感じる。ちょうど農政における減反奨励金のように、人間の働く力を削ぐ方向での福祉政策のように感じる。高齢になれば元気であっても、生理年齢で退職させ、仕事、すなわち働きがいを奪う。そして、老人ホームへ収容し一律に介護する。それも個室でひとりずつ分断する。
　同じように子供たちも、安全至上主義で、自立に必要な自己防衛能力を養う機会さえ奪われてしまっている。子供は木登りをしながら、柿の木が折れやすいことを学ぶし、農業体験をしながら土が植物を育てることを体感する。それを、土が爪に入ると破傷風になるからと、土への親しみから遠ざける。これでは子供を育てるのか、育たないようにしているのかわからない。
　なかでもお金や施設を与えることで人々を幸福にできるという「経済福祉」の考え方が徹底しすぎていて、それ以外の見方を発想できなくしている点は一番大きな問題だ。

　人間というものは、社会的動物であって、決して孤立しては生きられ

ない。仲間が欲しい。大きく言えば、自然の草木、野鳥や昆虫も生きる仲間であり、共に語り作業する何人もの仲間が欲しい。
　それを昔から、私たちは「人と自然のふれあい」と言ってきたのだ。
　福祉とは、人々を幸福にすること。であれば素敵な仲間と豊かな自然に直接ふれあい続けることで、人々を幸福にする「環境福祉」こそ大切ではないか。そう考えるのである。
　私たちが本書で贈る「園芸福祉」とは、花・果物・野菜・その他の緑の栽培や育成、配植、配置、交換・管理・運営、交流などを通じて、みんなで幸福になろうという思想であり、技術であり、運動であり、実践である。このことをくみとっていただければ幸いである。
　どこかで読んで気に入った言葉が私の手帳にメモしてある。
　　　思想の種を播き、行動を刈り入れなさい。
　　　行動の種を播き、習慣を刈り入れなさい。
　　　習慣の種を播き、人格を刈り入れなさい。
　　　人格の種を播き、運命を刈り入れなさい。
　私はこの４行を実行したいと思う。みなさんにもそのことをおすすめしたい。
　緑の思想、生命の思想、環境福祉の思想、園芸福祉の思想の種を播いて、ぜひともすばらしい人生、すばらしい運命を収穫してほしいと思うのである。

2007年４月８日

　　特定非営利活動法人　日本園芸福祉普及協会理事長　進士五十八
　　　　　　　　　　　　　　　　　　　　（東京農業大学教授／前学長）

園芸福祉入門・もくじ

◆カラー口絵
全国で進められている多彩な園芸福祉活動 1
日本園芸福祉普及協会の主な活動 2
色彩と園芸福祉 色のイメージと感情効果 3　　**園芸福祉活動を始めてみよう** 4

序文 「経済福祉」から「環境福祉」へ ———————————————— 5

序　章　これからは園芸福祉 ———————————— 13

- 人間性を回復するために ———————————————————— 14
  - 花や緑とのつきあいは人間の本質　14
  - 手段としての「園芸療法」、目的としての「園芸福祉」　15
  - 人生の目的を果たすためには、ボランティア活動　16
- 園芸福祉から農福祉、生き物福祉を ——————————————— 19
  - 趣味の園芸から「食」と「農」と「環境」のまちづくりへ　19
  - 花まちコンクールと深谷オープンガーデン　22
  - 「毎日農業記録賞」の高校生部門優秀賞　23
  - 総合行政の対象に、「美しい国・日本」がメインテーマに　25

第 1 章　園芸福祉の活動とは ———————————— 27

1　いま、なぜ園芸福祉の時代なのか

- （1）園芸福祉の時代 ———————————————————————— 28
  - 「わかちあえば余る」行動へ　28
  - 「コミュニケーション」というかけ橋を　29
- （2）園芸福祉の範囲・領域 ————————————————————— 31
  - 園芸福祉活動のとらえ方　31　　園芸福祉活動の実践領域　33
- （3）園芸福祉活動の可能性 ————————————————————— 35
  - 健康増進や福祉的側面から　35
  - 地域づくりやコミュニティ醸成の側面から　36
  - 青少年の教育的側面から　37　　農地の有効活用の側面から　37
- （4）園芸福祉を地域社会に活かすために ——————————————— 38
  - 豊かで暮らしやすい地域社会へ　38
  - ソーシャル・キャピタルは「地域の絆資本」　39

2　園芸福祉と心身への効果

- （1）農耕・園芸の効用 ── 42
  - 健康と生きがいの追求　42　　農耕・園芸活動の効用（恩恵）　43
- （2）植物・自然のもつ福祉的効果 ── 47
  - 園芸作業から得られるしあわせ　47　　生きていることの実感　48
- （3）園芸活動における運動効果 ── 50
  - 多様な園芸活動に即した効果　50
  - 身体活動を継続することの重要性　51
  - 自分でわかる運動強度スケール　53
- （4）園芸の精神的・心理的効果 ── 54
  - 心理的・生理的効果立証への試み　54
  - 植物の時間と脳神経回路　55
  - 免疫機能とコミュニケーション効果　56
- （5）園芸福祉活動の効果測定 ── 58
  - ①心理的Well-being（植える美ing）尺度　58
  - ②THI調査による健康効果　60

第2章　活動を地域のなかに普及する ── 63

1　園芸福祉活動の組織・人づくり

- （1）活動を担う「園芸福祉士」の養成 ── 64
  - 人づくりへの要請に応えて、資格制度・養成講座を導入　64
  - 受講者参加と情報共有を基本とした講座カリキュラム　65
  - 幅広い年代、多彩な分野の人たちが受講　66
  - 開講・受講を希望する団体へ開講システムの紹介　66
  - 地域で活動する初級園芸福祉士への支援　68
- （2）次代を担う高校生も意欲的に活動 ── 69
  - 「園芸福祉」を教育現場に取り入れる　69
  - 農業・福祉・環境・地域づくりを生かした実習　70
- （3）ボランティア活動の定着に向けて ── 72
  - ボランティア活動のスタッフに求められること　72
  - ボランティアを受け入れる側の心得　73
  - 成果を生むボランティア活動への提案　75
- （4）英米にみる園芸福祉活動 ── 78
  - アメリカのマスターガーデナー制度　78
  - イギリスのボランティアプロジェクト　78

2　園芸福祉の事業化と運営管理

- （1）園芸福祉活動のマネジメント ———————— 80
  - 「ヒト・モノ・カネ・情報」の有機的循環　80
  - 活動目標とPDCAサイクル　81
  - 農業の福祉的機能を　82
  - 戦略的な長期計画と資金調達が継続のカギ　83
- （2）園芸福祉活動の実践に生かすための事業計画 ———— 84
  - 事業計画づくりのポイント　84
  - 園芸福祉活動を担う組織体の充実（目標を定めることの重要性）　86
- （3）欧米の運営システムも参考にする ———————— 88
  - 園芸福祉事業と価値観（生活創造者、LOHAS）　88
  - 健康のための園芸とは　91

第3章　コミュニティづくりに生かす ———— 93

1　地域から始める園芸福祉活動

- （1）コミュニティづくりと園芸福祉 ———————— 94
  - コミュニティとは　94　　地域コミュニティと園芸福祉の概念　95
  - まちづくりと園芸福祉　98
- （2）園芸福祉の実践プラン作成のために ———————— 102
  - プランづくりの目的　102　　活動プランの作成　103
  - 園芸福祉活動のプランづくりでの留意点　106
- （3）各地で進められている園芸福祉活動例 ———————— 108
  - 実践を通してリーダーとなるノウハウをつちかう　108
  - 地域のさまざまな資源を活用して実践の場をつくる　109

2　園芸福祉は「人と地域」をつなぐ

- （1）市民農園と園芸福祉 ———————————————— 112
  - 市民農園の形態と定義　112　　市民農園の歩みと現状　114
  - 市民農園のもつ福祉的機能　116　　園芸福祉の実践と市民農園　117
  - 福祉時代における市民農園の展開　118
- （2）グリーン・ツーリズムと園芸福祉 ———————— 119
  - グリーン・ツーリズムの意義と可能性　119
  - 「人間福祉主義」による都市と農村の共生　121
  - 人間性回復に向けた実践　122
  - 「農」の多面的価値と「人間福祉」　123
- （3）欧州のケアファームに学ぶ ———————————— 125

増加をたどるケアファーム　125　　ケアファームの形態と対象　127
　　　多様な活動と目標　128
　（４）農業高校がＮＰＯ法人を設立して ───────────────── 129
　　　生徒の夢を叶えるために　129
　　　地域での実践そして普及に向けて　130　　これらの活動から　130

第４章　植物をよく知り活用しよう ───────── 133

１　園芸福祉にかかわる植物の種類と育て方
　（１）五感をひらく植物の効果 ───────────────────── 134
　　　いのちをはぐくむ自然の流れ　134
　　　五感をひらき、こころをひらく　135
　（２）植物の種類と選び方の基本 ──────────────────── 138
　　　植物の種類と選び方　138
　（３）育てる場所の選び方と環境 ──────────────────── 146
　　　栽培場所の選び方　146　　温度・湿度・光・水について　148
　（４）主な園芸作業と管理のポイント ───────────────── 151
　　　園芸作業の基本　151　　ドライハーブのつくり方　158
　（５）園芸作業の安全性確保のために ───────────────── 159
　　　安心・安全な栽培法と配慮すべきこと　159
　　　主な危険・注意植物　160　　資材・道具・服装の工夫　161
　　　有機、無農薬栽培に向けて　161

２　モデルガーデンをつくって楽しむ
　（１）地域のみんなに楽しんでもらうために ────────────── 164
　　　デザインの考慮すべきポイント　164　　個々の特徴と手法・技術　165
　（２）対象者にあわせて配慮する ──────────────────── 168
　　　①車椅子利用の人たちと一緒に楽しむ　168
　　　②ストレスを解消する　170
　　　③視覚に障がいのある人たちと一緒に楽しむ　172
　　　④高齢者の人たちと一緒に楽しむ　174
　　　⑤子供たちも一緒に楽しむ　176

第５章　誰もが楽しめるプログラム ─────── 179

１　地域で展開する多彩な実践のために

（1）子供から生涯現役まで世代間交流をうながす ──────── 180
　　　　ゆりかごから墓場まで、人生とともに　180
　　　　ロハスな暮らし方と園芸福祉　182
　　　　一緒に楽しめるプログラムづくり　183
　　（2）さまざまな施設で展開する園芸福祉 ──────────── 184
　　　　園芸福祉活動を取り入れるために　184　　さまざまな施設と活動　186
　　（3）社会的環境によるストレス障害 ───────────── 188
　　　　メンタルヘルスと園芸福祉　188
　　　　植物や園芸の福祉的活用　189
　　（4）要支援者との活動を農高生が担う ──────────── 191
　　　　高校初、アジサイを品種改良して種苗登録　191
　　　　障がい者施設との協働栽培の目的　192
　　　　通年栽培に向けてKatsura Nursery Case（KNC）を開発　192

2　年間を通して楽しむ園芸福祉
　　（1）高齢者における園芸福祉効果のある色彩 ─────────── 194
　　　　光と色とは　194　　高齢者の感じる色と光　195
　　　　色を効果的に使った癒しの空間　197
　　（2）園芸福祉の実践カリキュラム ───────────── 198
　　　　カリキュラムをつくるうえでのポイント　198
　　（3）プログラムづくりと実践での留意事項 ──────────── 202
　　　　プログラムの立て方　202
　　　　ペットボトルの立体花壇づくりでの留意点　204
　　（4）飾る・利用するクラフトのアイデア ──────────── 206
　　　　リーフ・ネームプレート　206　　ペットボトル・フラワー　208
　　　　寄せ植え・ハンギング　211　　押し花　211
　　　　ドライフラワー・リース　211　　ハーブの利用　211

日本園芸福祉普及協会の人材養成講座と資格制度の概要　214
日本園芸福祉普及協会　法人概要と活動案内　218
主な参考文献　222
執筆者プロフィール＆分担一覧　224

　　◇本書は日本園芸福祉普及協会編『園芸福祉のすすめ』（創森社）の一部を流用しています
　　◇序文と序章は「週刊農林」（第1959号、第1961号、第1965号）掲載分を改稿したものです

　　デザイン―――寺田有恒　ビレッジ・ハウス
　　　イラスト―――おさとみ麻美　寺山佳奈　ほか
　　　　校正―――山口文子　ほか

序章

これからは園芸福祉

都市の子供たちが農業を体験する（千葉県浦安市）

人間性を回復するために

花や緑とのつきあいは人間の本質

　日本人に共通する国民的趣味は「花と祭り」だと言ったのは、評論家の川添登氏である。
　まったくそのとおりだ。どんなに貧しい離島に行っても、人々は先祖の墓前に供える花を栽培することを忘れない。おなかではなく、心を充たすために花は必要だったのだろう。古今東西、どんな時代も花のない社会はない。
　私はかつて江戸庶民の生活感覚にもとづく美学が息づいている俳句、その季語を分析したことがある。水原秋桜子・山本健吉らの監修による『日本大歳時記』（講談社、1984）に収録されている季語は、1万6730語。その中で植物部類は24.7％、植物関連季語を含めると実に35.6％である。日本人の生活を彩る俳句の季語の4割近くが「花や緑」であることは、花や緑がいかに多くの人々の日常的環境になっているかを物語っている。
　江戸時代、徳川三代が共に「花癖将軍」と呼ばれるほど植物を愛好、ロバート・フォーチュンの『江戸と北京』に描かれるとおり、江戸は庭園都市であり庶民の園芸文化は世界一の水準にあった。
　いままたガーデニングは、ブームというより、ひとつのライフスタイ

ルに定着しつつある。およそ、人間のなかにある本質としての植物愛好志向に、都市社会・管理社会がもたらす人工的環境とストレスからの脱却や癒しを求める強い動機が加わって、自然志向、野外（アウトドア）志向、花緑志向の大衆化、社会現象化がいっそう進んでいるのであろう。

　私の考えでは、鉢植えなど身近な緑（ペットの緑）、庭や公園の緑（家畜の緑）、山林の緑（野生の緑）、いわば小自然・中自然・大自然の３つの緑とのバランスのとれた関係が、人間生活の健全性の指標となる。そのなかで、より親近感のある小中自然とのふれあいが「園芸福祉」にあたる。

　果樹、野菜、花卉を手入れし、育て、収穫し、食卓にのぼらせ、生活を彩る。その全過程で、親子、近隣、趣味仲間と交流する。いわば仲間づくりが進み、生きる悦びとともに健康生活も手に入る。そして、その結果が福祉施設もしくは地域の美化や活性化に貢献する方向での活動となること。

　以上が私の提唱する「園芸福祉」である。

　ところで多くのひとは、園芸療法と園芸福祉を同じものとみている。しかし私は、別のものだと考えている。それには重い理由がある。近代科学の限界ということでもある。

手段としての「園芸療法」、目的としての「園芸福祉」

　私は、2006年３月に開催された北里大学「農医連携」シンポジウムでパネリストを務めた。

　そこで、これまでのような西洋医学一辺倒ではもはや限界で、東洋医学、民間療法、それに仏教や手当て療法など宗教までを包含した「統合医療（ホーリスティック医療）」の時代が始まりつつあることが確認された。これは、〝因果律〟で病因を発見し、これに薬を投与するなど対症療法であたる方法では限界があり、真の健康は手に入らないというこ

とである。

　園芸療法、動物療法、森林療法、アロマセラピーなど、いずれもひとつの治療法としては意味がある。しかし、医薬品のかわりに花、動物、森とのふれあい効果を使おうという考え方は、人間とはきわめてホーリスティック（有機的で総合的）な存在だという認識に立っていない。

　近代科学は、何事も要素に分け、分化による深化を進めた。しかし、南方熊楠の言によれば「何とぞ心と物とがまじわりて生ずる事によりて究める」ことに本質はある。心と物を別々に追究するのでは、本質的な事は明らかにならないということである。

　種を播き、芽が出る。そこに生命の神秘を感じる。花を賞で美に酔い、その感動を仲間と語り、体を太陽と風のなかにおく。ここに心も物も交わりて生きる人間の生きる事がある。

　病気を癒すために、花とふれあう。酸素を得るため光合成作用の緑を大切にする。自分の面倒をみてくれるから母親が必要なのか。果たしてそうだろうか。

　林政が失敗し、山が荒れる。人手がなくて間伐もできない。だから、森林浴だ、森林療法だ。体にも精神にもいいよ。花の生産と消費に翳(かげ)りがでている、なんとか生産増への説得力はないかというので、花とのふれあいは体にいいよ、園芸療法だ、ということではないはずだ。もちろんいろいろな症状の病人の治療法のひとつとして、園芸療法や箱庭療法など代替療法を研究することも、普及することも重要である。

　しかし、そういう○○のためという手段ではなく、花が好きだから、楽しいから、仲間がいてうれしいから、花とつきあおう、ということそのものが園芸福祉の本領であろうと思うのである。

人生の目的を果たすためには、ボランティア活動

　2006年7月29日、埼玉新都心駅で「緑のトラスト・森の親子の夏まつ

り」が開かれた。

　狭山丘陵や見沼田圃など8カ所の自然環境を(財)さいたま緑のトラスト協会が買い取って保全している。いわばナショナルトラストの埼玉版。私は数年前から(財)さいたま緑のトラスト協会の理事長を引き受けているので、上田清司知事の横に立って募金箱を持った。数時間のイベントで25万円の募金と、50名の入会を得た。しかし、その働きは、百数十名ものトラスト、ボランティア会員の何カ月も前からの準備。竹細工、木の実と間伐材利用のクラフト、顕微鏡での生物教室、草木遊びに金魚すくい。トラスト保全地のパネル展示では、人が集まってくれないからといって知恵をしぼった成果である。

　募金や入会者数を、ボランティアの人数、実行委員の何カ月も前からの準備に費やしたエネルギーで割ったらどうなるだろう。前年よりも倍増だと、みんなで喜んで打ち上げの乾杯をしたのだが。もちろん、トラスト協会のメンバーにはこんな考え方をする人は一人もいない。

　本当は、このイベントに参加した方たちは、それぞれに金銭的出費も時間も人間関係の苦労もした。しかし、その労苦の何倍もの"充実感"を手にした。最高にイベントをエンジョイできた"幸せ者"は、実行委員のボランティアの皆さんであった。集まった金額では決してないのである。

　トーマス・リコーナは、人生の目的は3つだという。①自分自身を熟成させること、②そういう自分と他との愛のある関係を結ぶこと、③それによって社会に貢献すること。

　私はこんなことを知るずっと昔、学生時代からなりゆきで「青空こども会」というボランティア活動に参加していた。大学助手時代には、東京ボランティアセンターの運営委員になって『緑のまちづくりとボランティア活動─公園にボランティアを受け入れるための手引書』(1985)を編集したりもした。新世紀のまちづくりをテーマにまとめた共著『風

景デザイン』(学芸出版社・1999) のサブタイトルには「感性とボランティアのまちづくり」を掲げた。

　これからの時代は、美しいもの、優しい人など、モノやヒトの価値に気づく感覚や能力（＝感性）、それに主体的に誰かの役に立つ活動をしたいと願う心（＝ボランティア精神）が大切だということ。この２つの気持ちの有無、大小が人間の幸福を左右すると思ったからである。

　何事もエビデンス（証拠）、データがないと納得しない。知性・合理性の説明ばかりを求めるグローバル社会。しかし他方に、感性・情緒性の価値を再発見しようという伝統や風土、文化の回復運動も多数派を形成しつつある。スローフード、スローライフである。

　もうひとつ、何事につけても当事者になることを避けるのが最良の処世術といった風潮がある。責任をもって当事者として頑張っても感謝されず報われない。だから多くの若者はモラトリアムを楽しみ、大人としての責任を果たそうとしないし、〝自己中心〞的である。

　20世紀の工業社会が分業化と分割管理システムを推進したせいか、全体的認識や全体に責任をもとうという人間性を喪失させてしまった。リーダーシップ、ボランティア意識は、ともに本来の人間社会回復に不可欠の条件である。

　私たちの「初級園芸福祉士」の資格審査では、単なる園芸技術のみならず、リーダーシップ、ボランティア精神など、社会福祉の観点を強く求めているのはこのためである。

　　　　　　　　　　　　　　　　　　　　　　　　（進士五十八）

園芸福祉から
農福祉、生き物福祉を

趣味の園芸から「食」と「農」と「環境」のまちづくりへ

　自らも生き物でもある人間は、本質的に動植物とふれあうことで癒される。ホーティカルチュラルセラピー、アニマルセラピー、森林浴療法、タラソセラピー、アロマセラピーなど登場する所以である。NHKの『趣味の園芸』がロングセラーの理由もそれだろう。美しい花を育て、心が癒される。

　ここで、なぜ癒されるのか、そのメカニズム、花の種類やふれあい方、その環境や頻度との関係性を究明して再現性の高い治療法に向かうベクトル。それが「園芸療法」だとすれば、むしろ花や野菜は野外に出かけ仲間といい時間を過ごすための契機を与える手段であって、目的は人間自身のなかに潜在する動植物愛、人間愛、郷土愛、自然と美しさあふれる環境と共生しようとするベクトルの実現、それをめざすのが「園芸福祉」であるといえる。端的にいえば「園芸福祉の目的は、まちづくりにある」といえよう。

　図解しよう。人は誰でも植物に親しみを感じる。単体の花や野菜づくりから、やがて美しくまとまった花や野菜の風景としての「ガーデニング」に向かう。一方に、自らつくり育てた花や庭園を多くの人に見せた

い人がいる。もう一方に、見させてもらいたい人がいる。双方にそういう気持ちがあれば「オープンガーデン」へ成長する。イギリスのナショナル・ガーデン・スキーム(The National Gardens Scheme Charitable Trust)は、1972年609庭園を公開、2000年現在3723庭園を数えている。当初、ナイチンゲールでおなじみの看護婦らの退職年金基金のためのチャリティ活動として開始され、2000年度現在150万ポンド（3億7千万円）を寄付。大きな社会貢献を果たしている。これに刺激を受けて2006年現在、日本では長野県・小布施町はじめ、日本各地の16地区にオープンガーデン組織が立ち上がり、案内書「イエローブック」も発行されている。

　私が提唱した「日本列島植木植物園」は、いまや北海道から九州まで全国各地に百数十園を数える。社団法人日本植木協会の創立30周年記念事業の社会貢献として、会員各社の植木苗圃を地域に開放して、市民のレクリエーション、環境学習など子供たちの総合的学習のフィールドとして活用されている。苗圃を開放するのだから「オープンナーセリー」

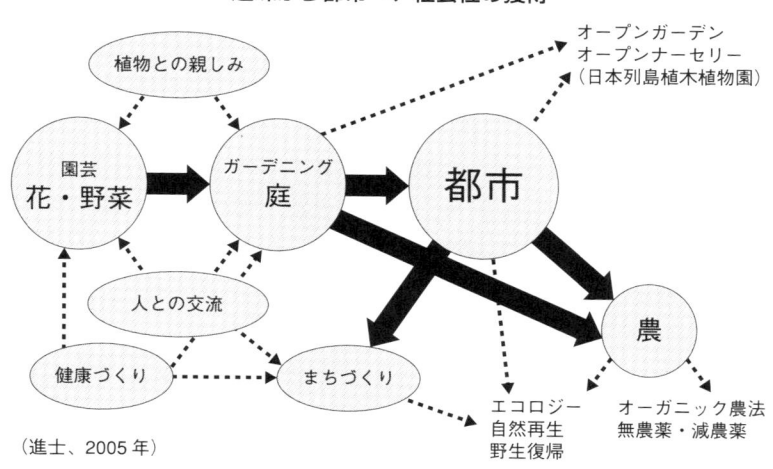

趣味から都市へ、社会性の獲得

（進士、2005年）

である。このように、個人的な趣味の花づくりがスタートであっても、植木業という企業目的がスタートであってもやがては社会貢献に向かう。また、生物としての花や緑とのつきあいからスタートし、やがて人との交流、まちづくり、地球レベルの自然共生へと関心を広げ、活動の意義は深まっていく。花から、食と健康へ。するとそれは食農と環境へと社会化する。「ガーデニングからファーミングへ」である。

近年、子供たちの学力低下、生きる力の低下が叫ばれ、他方、地球環境問題からの要請として「環境教育」の推進が期待されている。

私の考えでは、これらはすべて都市化と機械文明に圧倒された現代のライフスタイルが、土や緑との断絶をもたらし、とくに子供たちが大自然と無縁の人工環境で育てられるようになったことで、自らの安全を守ることも、事に応じて適切な判断を下すことも、わが手でモノを創造することもできなくなってしまったためではないかと思う。

図のように、都市民、とくに育ち盛りの子供たちが、市街地にあっても農山村にあっても、多様な「農」とのふれあいをもつことができれば、状況は大きく変わるだろう。

このように現代人のすべてが、なんらかの形で「農」とのふれあいをもつニューライフスタイルを、私は「全国民総第5種兼業農家化」（2002年提唱）と呼んでいる。学校で園芸クラブやバケツ稲を育てることを「学農」。地域で市民農園を借り仲間とエンジョイすることを「遊農」。農家に協力して本格的な農業体験を経験することを「援農」という。いろいろな場面で、各人にふさわしい「○○農」を見つければよい。これからが出番の団塊の世代の受け皿にぴったり。そうしたすべての人々のための「農福祉」「園芸福祉」だ。それによって、自分自身の健康や仲間づくり、自己実現、そして社会のための環境保全や自然保護、伝統や文化の継承、地域らしさの回復と国土景観の保全など、その両方を満たしそのすべてに参画することになるだろう。

都市民の「農」とのふれあいメニューいろいろ

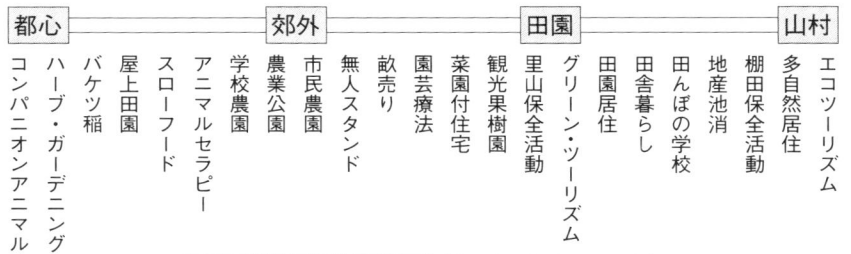

都心	郊外	田園	山村
コンパニオンアニマル ハーブ・ガーデニング バケツ稲 屋上田園	スローフード アニマルセラピー 学校農園 市民農園 農業公園	無人スタンド 献売り 園芸療法 菜園付住宅 観光果樹園 里山保全活動 グリーン・ツーリズム	田園居住 田んぼの学校 田舎暮らし 地産池消 棚田保全活動 多自然居住 エコツーリズム

全国民総第5種兼業農家化(「月刊JA」進士、2002年)

花まちコンクールと深谷オープンガーデン

　巨大温室クリスタルパレスや天に伸びる鉄のエッフェル塔など、それぞれの時代の最先端機械文明を発表する場であったEXPO万国博覧会の歴史を転換したのが、1990年大阪の鶴見緑地で開かれた「国際花と緑の博覧会」、いわゆる花博であったと思う。人工機械文明の20世紀から、生命と自然と環境と文化の21世紀への文明転換だと私は書いた。

　この花博を契機として、農水・国交両省の提唱で「全国花のまちづくりコンクール」(事務局・(財)日本花の会)が始められ、2006年には第16回を迎えた。私も審査員として参加しているので、その年9月2日渋沢栄一生誕地の深谷市の現地を訪ねた。審査対象は「深谷・オープンガーデン花仲間」で80名以上の会員団体、ガーデンシティを推進したいという市の呼びかけで2004年に会が発足したという。実際はメンバーにそれ以前の長い個人史があっての盛況さだろうが、まさに次のコンクールの趣旨どおりの活躍ぶりでみごと、国土交通大臣賞を受賞した。

「花のまちづくりは、人と花や緑が、また花をめぐる人と人が互いに影響しあって、家庭や公共の場で、美的なセンスを磨き、花を介した交流を活発におこない、生き生きとした美しく心地よい地域をつくっていくものです」

代表の嶋村秀子さんは、東京育ちながら子供のころから植物大好き人間で、結婚後本場イギリスで花のある暮らしを体験し、苗づくり、仲間づくり、まちづくりへと活動の舞台を広げている。行政との二人三脚ぶりもみごとで、道路整備にともなって得た角地をアメニティフルなパブリックガーデンに創りあげている。近隣各家にガーデニングが広がり、それぞれがつながり、花の生産農家も仲間に加わってきた。2冊目のイエローブックの売り上げが会の活動費を少し楽にしてくれたともいう。最近は、高校からも園芸指導を頼まれ、学校ガーデンを普及している。深谷市の場合、個人史と文明史が一致しており、また市民と行政が好ましい関係で、まさに「自立的市民のまちづくり」モデルを示している。

「毎日農業記録賞」の高校生部門優秀賞

　農業分野の表彰は朝日、読売が撤退して、毎日とNHKしか残っていない。それがマスコミの農業への認識か。私が学長のとき30回目の節目にあった「毎日農業記録賞」に高校生部門を新設し「東京農業大学賞」と優先入学制度を提案した。

　私自身、この審査委員として応募作を読んで感激した。現代っ子、農業高校生にもヤル気十分のガンバリ屋がたくさんいる、ということだ。このことは、読売新聞社の「日本水大賞」でも、私が審査委員長を務める農水・環境両省主催の「田園自然再生コンクール」でも同様だ。実に農業高校の活躍はめざましい。やはり、フィールドで実体験をしながら学ぶことが教育では一番だということだろう。そのなかから園芸福祉的な受賞作を紹介しよう。

　第32回毎日農業記録賞高校生部門優秀賞の、岐阜県立恵那農高3年生・柴田知沙さんの作文から（一部割愛）。

「私の理想のお姉ちゃんは、おしゃれで料理ができて頭のいい人です。私の現実のお姉ちゃんは知的障がい者。妹のようなお姉ちゃんなのです。

私は姉の存在が嫌で仕方ありませんでした。ずっと施設に入れておけばいい、といったこともあります。

　恵那農高に慣れ自分の気持ちに余裕ができ、土にふれ植物に親しみ、その生命にかかわることによって、無償の愛情や生命の重みを知ることができ、何よりも自分自身の心が癒されていくのを感じたのです。そんな折、養護学校との交流で花壇作りをしたときのことです。ある男の子にベゴニアを順序よく植えてねと頼むと黙々と植え、植え終わると何もいわず私の背中をたたき花壇を指しました。その出来栄えに驚いた私は、すごく上手だね、ここも植えてくれるかなとお願いする。彼の表情は明るく、その笑顔を見たとき私は思わずうれしくなりました。そのことがきっかけとなり、姉のような障がいを持った方が仕事を通して人の役に立てる、できる喜びをもっと味わって欲しい。体験を積み重ねる機会を設けることが自信につながり本人の能力を伸ばすことができるのでは、という思いがわき出てきました。

　障がい者と健常者が農業を通して共に力を合わせて生きていける環境をつくっていきたい。これが私の夢です。将来は福祉施設の職員となり、施設で行う作業だけでなく、地域の花壇づくり、フラワーアレンジメント、フラワーコンサート、小動物の飼育、潤いのある生活の場の提供など、園芸の力を十分に生かし、自分の可能性にかけてみたいと思います。今、重いハンディを背負って生まれてきた姉が私に、多くの夢を与えてくれ生きる道をひらいてくれたことに感謝の気持ちでいっぱいです。」
（『キラキラ農業』毎日新聞社、2005年2月、30～33頁所収）

　柴田さんの作文は「福祉における農業の役割」とサブタイトルがついている。受賞作文の中には、ほかにも経済動物、安全農業、強い羊牧場、焼酎用サツマイモ農家などでの体験記録が綴られ、若者たちの農業志向が表明されている。

私は、理科ばなれは自然体験のなさ、とくに農業体験のなさに由来すると推論し、「学校における環境教育、とくに農業体験の重要性」について、かねてからの主張を『学術の動向』（2006年4月号42〜45頁／日本学術会議）の特集に組むなどいろいろアピールしているのだが、なかなかわかってもらえない。環境教育の先には「農」の思想と方法を具現化できる「環境学生」がつぎつぎと誕生することが好ましい。そのことを期待してやまない。ともあれそんな気持ちで、農高生の作文を読んだり、「東京農大環境学生大賞」受賞者の熱っぽい体験記録発表を聞くと、すでに彼らのなかに〝園芸福祉〟どころか〝生き物福祉〟、〝農業福祉〟、〝環境福祉〟の大きな芽が芽生えていることを実感する。大人たちだけが、花だ、ガーデニングだ、オープンガーデンだ、花のまちづくりだ、園芸療法だ、園芸福祉だと、分類して納得しようとしているだけかもしれない。いずれにしても、その基本方向は正しくて必然性をもつものだから、これからは、その推進方策こそ議論されなければなるまい。

総合行政の対象に、「美しい国・日本」がメインテーマに

　園芸福祉活動の主体は、市民である。すべての市民の21世紀型ライフスタイルとして〝花や緑と親しみ、仲間や地域とつきあい、自己実現と社会貢献を図る園芸福祉〟が定着することをめざすのが、私たち日本園芸福祉普及協会の役割だと私は考えている。
「園芸福祉士」は、そうした考え方と進め方を熟知して、多勢の市民をリードできるひとを養成するための人材の目標像として位置づけている。当初、園芸の知識と技術、福祉の知識、制度、方法の双方をバランスよく学んでほしいと考えたが、もちろんベーシック（基本）は当然ながら、ひとりひとりの得意・不得意を踏まえて十分に自分の持ち味を発揮しながら、この運動をリードできればそれでいいのではないかと考えている。したがって上級位の園芸福祉士資格についても、活動実績と、より多数

の、あるいはより広域の園芸福祉運動を推進できることに焦点を絞って検討すべきだと思う。細部にわたる専門性をめざす園芸療法士と異なり、広汎な常識的教養と親密な人間関係の構築など人間愛、社会愛こそが求められる。

こうしたリーダーが、全国的に誕生しつつある。若い高校生も農業高校の授業科目に「生物活用」が位置づけられたり「生活科」の主要科目になったりすることで、続々と有資格者となりつつある。

本来的には市民が主体であるが、とりあえずそのリーダーとしての園芸福祉士が主体的に運動を推進する。そのとき重要なのは、活動の場、フィールドの存在である。すでに既往の病院、福祉施設、公園、市民農園、学童農園、生産農場などで、実行されつつあるが、花のまちづくりコンクールにみられるように「地域全域」がフィールドたり得る。このことを行政サイドの施策立案者は認識しておいてほしい。

園芸関係か、福祉関係か。その二者択一ではないのが園芸福祉の意義である。群集のなかの孤独のさびしい都会人に〝仲間〟を。土から遠ざかった現代人に〝土と自然と生き物を育てるチャンス〟を。生きる力、学ぶ力、野外に出て健康と肉体を鍛える機会を失った現代っ子たちに〝農業体験の面白さ〟を。団塊の世代の〝健康で豊かな社会参加生活〟を。

このような多面性を果たしうる市民福祉施策の有効性を発揮するには、従来のタテ割り的思考、農政か福祉部門かという発想では難しい。地域固有の品種を活用したり、地場の農園芸産業と結合したり、地域景観のダイナミズムのなかにフラワースケーピング（花の風景づくり）を展開したり、地域の歴史文化に由来する〝和もの〟の活用を研究したり、薬用植物の生産を兼ねたり、都市行政・観光行政・産業行政・景観行政・環境行政・教育行政などもろもろの観点をもって、まさに総合行政の対象としてみたいものである。そうすれば、「美しい国・日本」づくりへの国民的アクションのメインテーマとなるだろう。　　（進士五十八）

第 1 章
園芸福祉の活動とは

地域住民でみかん畑を管理（長崎市）

1 いま、なぜ園芸福祉の時代なのか──（1）

園芸福祉の時代

「わかちあえば余る」行動へ

　少子高齢社会は、ある意味では消費生活の質的変化をあらわしている。経済成長における生活者の物の消費による満足から、心の豊かさを生活の満足として求める時代になった。

　振り返ってみよう。1991年、就任した宮沢首相は、翌年「生活大国5ヵ年計画」を発表し、1月の施政方針のなかで「快適で安全な質の高い生活環境の中で、個人が自由時間、余暇時間を十分活用でき、高齢者や障がい者が安心して暮らせ、女性が社会でも家庭でも自己実現を図れ、豊かな個性や香り高い文化が開く社会」と生活大国の社会イメージを語っている。

　日本経済を俯瞰してみよう。1950年代から1970年代は工業化社会まっしぐらで、日本経済は成長し躍進した。消費は美徳であり、モノを所有することが栄誉であった。1980年代から1990年代前半はソフト化社会へ目覚め、少子高齢化社会の予兆を共有しはじめた。20世紀末、消費はモノの消費つまりモノという名詞からブランドという形容詞へ移行した。さらに、マスから個人への時間的価値の深堀り、例えば、学習する機会、健康づくりへの時間価値などの欲求で、個人の動詞的消費は高まった。

さらに、成熟した社会において誰かのためになろうとする気持ちは、自己実現としてもっとも納得できるものとなった。

会社という組織への帰属とボランティア活動による地域社会でのネットワークへの帰属は、個人価値の向上と感じることは、特別なことではなくなった。言うならば、副詞（福祉）的行動の高まりといってもよい。誰もが、「奪い合えば足りず」よりも「わかちあえば余る」行動のほうが心地よい。しかし、国際社会では、冷戦後、世界平和が手に届きそうに思えたが、内戦はいたるところで生じ、出口の見えないトンネルの中を今もさまよっている。20世紀、フランスが贈った「自由の女神」は確かにアメリカに輝いた。

「コミュニケーション」というかけ橋を

21世紀はどうだろうか？　おそらく、今世紀は「コミュニケーション」という橋が、希望の未来に架からなければならない世紀であろう。それには、国際社会において、わが国が多様なパートナーシップを形成することで、主導的な機能を果たす役割を担う期待が寄せられる。

国際社会のみならず、個人レベルで解決しなければならない社会的課題、例えば、保健・医療・福祉・環境・雇用・教育は、解決をもはや行政的手法に依存するのではなく、個人や組織などの多様な協働形態によって、包括的に解決する必要性がある。

そのための、具体的な活動として地域の園芸福祉活動がある。今や園芸福祉の時代なのだ。園芸福祉活動はマズローの欲求5段階のすべてに関係している。園芸福祉が社会的課題解決を担う具体的活動であることをこの本から学ぼう。

社会とは個人の集合体ではなく、個人や組織が多面的に幾重にも自在に感応する関係が連関する集合体である。仕事の関係、趣味の仲間や同世代とか、同窓生などの関係、ボランティア仲間などさまざまな関係が

マズローの欲求5段階説の相対的説明図

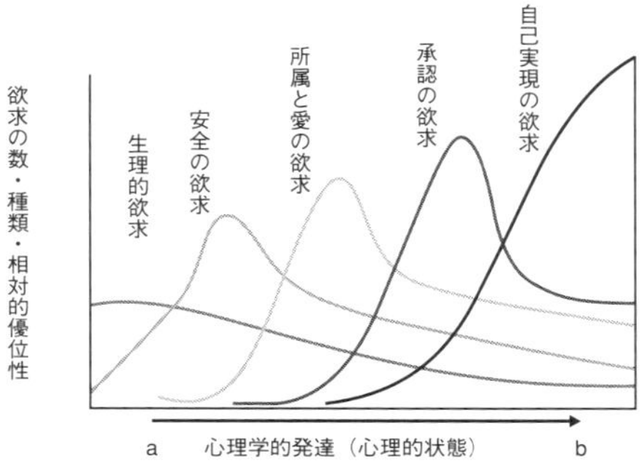
欲求の数・種類・相対的優位性
生理的欲求
安全の欲求
所属と愛の欲求
承認の欲求
自己実現の欲求
a
心理学的発達（心理的状態）
b

時間と空間を超えて社会を形成している。A.H.マズローのいう欲求の5段階説では心理的発達が進むにつれ、個人の表層的属性を超えて自己実現といった欲求が感応しあうコミュニティを形成する社会が形成される。

経営管理論では、あらゆることが互いに関連性をもつという、全体論的で有機体的な相互関係を支持する立場は、より真実に近く、より現実的であり実践的な意味でより成功をもたらすものである。（出典：マズローの『完全なる経営管理』原題“Maslow On Management”1998 金井壽宏監訳、大川修三訳、日本経済新聞社　2001）監訳者は、「マズローが立てた問いは、『よい人間とは何か』『よい社会とは何か』『よい経営管理とは何か』というもので、子供が問いかけるようにわかりやすい――答えは難しそうだが。『いい人間』を解明するためのキーワードが、自己実現や本書に繰り返し出てくるB（存在、Being）価値や精神的健康であり、『いい会社』や『いい社会』を探す指針となる言葉が、シナジー（感応）や全体論・有機体論に裏づけられた思考、社会改善という実践的な姿勢、それを生み出すB力やBリーダーシップである」と記している。園芸福祉（Horticultural Well-Being）は、よい人間関係、よい地域社会、よい組織経営管理、つまり暮らしやすい豊かな社会の実現にむけて、B力やBリーダーシップを涵養する活動であり、今こそが園芸福祉の時代なのである。

（吉長成恭）

1 いま、なぜ園芸福祉の時代なのか――(2)

園芸福祉の範囲・領域

園芸福祉活動のとらえ方

　農・園芸に携わることにより、心身の健康や癒しの効果があることは古い時代から考えられ、実践されている。『万葉集』には、植物や花で季節や人の心を感じとった題材の歌が166首と多くあり、昔から花と人のかかわりが深いことがわかる。また、人間生活の根幹を担う衣・食・住の面でもさまざまな恩恵を受けてきたことには誰も異論がないといえよう。

　なかでも江戸時代の暮らしや経済はすべて植物によって支えられていたといえ、世界にも類をみない循環型そして省エネルギー社会が定着していた。植物の持つさまざまな力が国民生活を成り立たせる園芸福祉社会といって、過言ではない時代であったともいえる。

　その後、欧米から押し寄せてきた工業化の波は、人々の生活を便利にし、経済的な豊かさをもたらしてきたが、自然破壊や環境汚染・産廃物の増大を招き、さらに急速に進んだ大都市への人口集中は農山村の過疎化や都市でのコミュニティの空疎化という憂慮すべき現象を招いてきた。

　そして21世紀、いまや時代は、モノの消費を中心とした社会から自然や環境と共生をめざす循環型社会の実現に向け着々と進んでいる。植物

は、太陽のエネルギーをもとに生長し、再生産が可能で、環境保全にも貢献、まさに、循環型社会の主役ともいえる存在と考えられる。

　今こそ、植物と接することや園芸・農芸作業によってもたらされる幅広い効果を見直し、社会のさまざまな分野で活用すべき時を迎えているといってもよい状況を迎えている。

　日本園芸福祉普及協会が普及をめざす園芸福祉をひと言でいえば、「仲間をつくり、植物と接して、幸せになろう」という活動である。それも、家庭ばかりでなく近隣や地域社会のなかで人々と交流しながら、楽しい時間の過ごし方や、それを体感できる場所や空間をつくりあげていくことを目的としている（図1）。

「福祉」という言葉をいくつかの国語辞典で調べてみると、〝幸福。社会の構成員に等しくもたらされるべき幸福〟が最初に出てくる。同様に「福」は〝しあわせ・幸福〟、「祉」も〝さいわい・幸福〟と表記されている。一般的には弱者や恵まれない人たちを救済する方策を「福祉」と考えがちだが、本来的には、社会のみんなが幸せになることを意味して

図1　園芸福祉活動とは

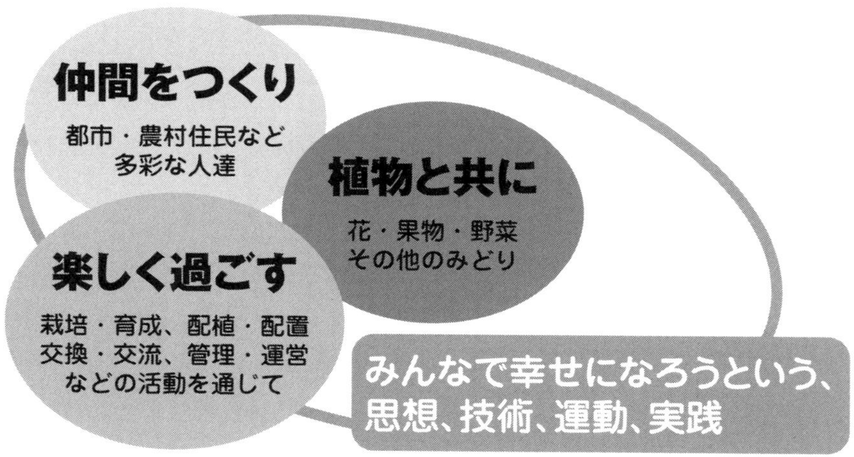

仲間をつくり
都市・農村住民など
多彩な人達

植物と共に
花・果物・野菜
その他のみどり

楽しく過ごす
栽培・育成、配植・配置
交換・交流、管理・運営
などの活動を通じて

みんなで幸せになろうという、思想、技術、運動、実践

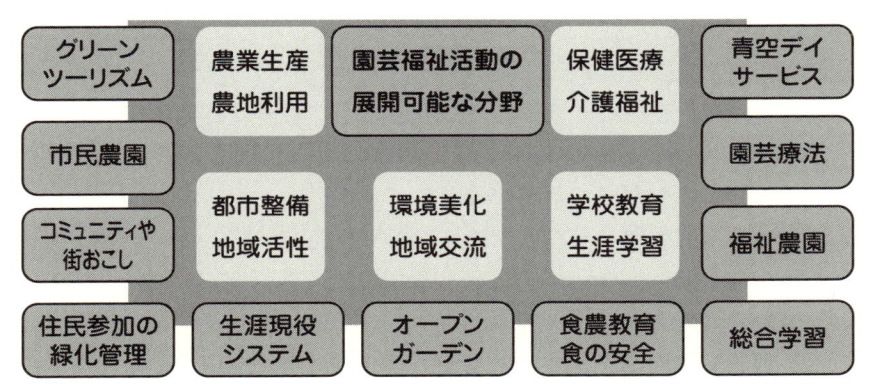

図2　活動領域の可能性

グリーン ツーリズム	農業生産 農地利用	園芸福祉活動の 展開可能な分野	保健医療 介護福祉	青空デイ サービス
市民農園				園芸療法
コミュニティや 街おこし	都市整備 地域活性	環境美化 地域交流	学校教育 生涯学習	福祉農園
住民参加の 緑化管理	生涯現役 システム	オープン ガーデン	食農教育 食の安全	総合学習

いる。

　園芸福祉の活動は、園芸で福祉活動をというだけではなく、日常生活や地域のなかで展開されている植物とのさまざまな活動を通して、みんなが幸せになるという意味をもっている。そして、一人ではなく仲間をつくって進める活動であるという理解をもつ必要がある。

園芸福祉活動の実践領域

　園芸福祉の活動は、青空のもと、さまざまな場所で営まれる植物の種子〜発芽〜生長〜開花〜結実〜収穫というプロセスに幅広い年代の人々が参加、植物と接する活動を通して、楽しみや喜びを共有することであるから、その活動領域は、代替治療の分野から環境保全や地域・まちづくり、さらに、情操教育や生涯学習、障がい者・高齢者福祉まで幅広い分野での活用が考えられる（図2）。

　活動の場としては、必ずしも新たな施設をつくる必要はなく、官民の連携と知恵で地域にあるさまざまな場所や施設を有効活用して、その地域ならではの独自の活動を生みだせる可能性は全国に数多くあると思わ

れる。

　実際の活動にあたっては、援助する側とされる側という立場をなくし、さらに障がいの有無も問わず、老若男女の誰もが同じ立場で参加し、一緒に楽しみ、交流を深め、健康で幸せな暮らしに貢献する活動でもある。

　また、協会が首都圏の一般生活者を対象に行ったアンケート調査では、

- ほぼすべての家庭で草花が飾られている。
- 約90％の家庭で、なんらかのかたちで草花を栽培、ガーデニングに取り組んでいる。
- 植物や草花のもつ効果を活用すべき分野として、高齢者の健康保持や病気予防対策、高齢者・福祉施設での活用、地域コミュニティの活性化、青少年への情操教育、道路や公園の管理に関心を寄せている。
- 身近な地域で花や緑を通じた活動への関心や参加意欲は、ほぼ半数がもっており、地域社会での活動に期待をいだいている。

という結果も出ており、すでに、園芸福祉活動を展開するための環境は整っているといっても過言ではないと考えられる。

　園芸福祉活動は、前述したとおり、農・園芸を軸として社会の広範囲な分野が対象となる。そのため、わが国の従来のタテ割り社会構成の発想から脱却するきっかけづくりにもつながると注目が集まってきており、いくつかの行政では、関連部門が連携してプロジェクトチームが編成され、計画や政策が打ち出され、実践が始まっている。

〔近藤龍良・大野新司〕

1 いま、なぜ園芸福祉の時代なのか――(3)

園芸福祉活動の可能性

健康増進や福祉的側面から

　わが国の高齢化は急速に進み、その対策としての経済的破綻は重大な社会問題ともなっているが、介護保険等によるデイケアサービス事業の一環として、室内だけでなく室外における園芸作業などをおこなうプログラムに興味をもつ施設も多くなってきている。とくに若いころに農耕や園芸作業に親しんだ人たちにとっては、昔の記憶が呼び戻されたり、花による情緒安定や認知症進行防止などにつながる効果が知られている。知的・精神障がいのある人や肢体不自由・障がいのある人たちにとっても、植物や園芸活動を通じて、心身のリハビリテーション効果が期待できる。また、障がい者自立支援法の導入もあり、授産施設、福祉作業所、福祉工場、農園等でおこなわれる活動は、職業訓練的な要素も含まれ、いずれは社会的自立をめざすものである。

　現代の社会的症状といわれるストレスやノイローゼなどのある人たちは、植物に親しむことや園芸作業をおこなうことで癒しの効果があらわれるという事例が多くみられる。一時的なうつの状態はほとんどの人が経験をもっている。とくに昨今の経済的状況からのリストラによる悩み事、また学生などに強度のストレスを抱える人が増加しているのが現状

高校生と楽しむデイサービス利用者　　　　都市公園で地元の人たちを中心に

である。植物や園芸作業はそうした状態のときに、やすらぎや情緒安堵感を与え、癒しの効果が十分に発揮される活動である。

地域づくりやコミュニティ醸成の側面から

　都市部に住む人たちのなかでは、スローライフ・スローフード、最近では、LOHAS（ロハス）という考え方も注目されてきている。まさに、農・園芸作業を通じ植物のもつ生命のサイクルや多面的機能を最大限に活用する時代を迎えているといえる。

　都市部の生活環境づくりにおいては、従来の形式を重んじた公園と異なり、人々の五感で親しめ、心のやすらぎを感じさせるスペース、コミュニティづくりが望まれる時代である。米国のコミュニティガーデンや英国のシティファーム的な発想で道路や空き地などを利用した活動は、共同作業を通じて住民間の連帯意識高揚につながるはずである。

　具体的には設計、造園などのハードにかかわる部分と、それらを活用して参加者が楽しめるソフトのプログラムも用意しておく必要があり、それも年間を通じて地域・コミュニティづくりに役立たせられる配慮をしておくことが必要条件といえる。

青少年の教育的側面から

次代を担う子供たちの日々の環境にこそ、「みどり」や植物は不可欠である。また、植物を育てることは自然観察や理科の貴重な実学で、植物との共生実感、情緒感情、そして共同作業による連帯感のはぐくみは、いまの時代の教育に最も必要な項目である。食農教育も重視されるようになり、野菜や果樹の栽培をしながら生長を見守ったうえで収穫、本来の味を知ると同時に加工などを通して多彩な活用方法を学ぶ。こうしたことは、以前では誰もが体験したことだが、今ではこうした機会を持つ青少年が圧倒的に少ないと思われる。

野菜の栽培に取り組む保育園児

生命の循環や尊さを知り、生き物を愛する心を養うことは、情操教育面では大きな効果をもたらすといえる。単なる学童農園・花壇にとどまらず継続的なプログラムとして園芸福祉活動を定着させる必要がある。

農地の有効活用の側面から

戦後の農業は、農作物だけを見つめ生産性の向上に励んできた。その結果が、減反政策につながり、各地で遊休農地が続出という状況を招いている。園芸福祉活動は、あくまで人が主役である。生産物だけを対象とした農地活用から、地域の人たちが交流して楽しみながら、農・園芸作業がおこなえる地域コミュニティや都市・農村住民交流の核となるとなれば、新たな利用策として脚光を浴びると予想される。

（近藤龍良・大野新司）

1 いま、なぜ園芸福祉の時代なのか──(4)

園芸福祉を
地域社会に活かすために

豊かで暮らしやすい地域社会へ

　暮らしの豊かな地域社会の実現に向けて、生活者・企業・自治体が協働して、ボランティア活動やNPO（Not for Profit Organization=特定非営利活動法人）活動をはじめとする市民活動が活発になってきた。

　特定非営利活動は、地域の安全、住民の健康維持、保健・医療・福祉のシームレス（切れ目のない）提供、持続可能な緑の環境づくり、食育や心の教育、ニート、障がい者や高齢者の雇用問題など、地域の社会的課題の解決のために、営利を第一義的な目的とせず、暮らしやすい豊かな社会をめざして、みんなで力を合わせておこなうコミュニティ活動である。

　21世紀までは、地域社会への公益的サービスは政府からの一元的な提供であったが、この21世紀は「新しい公益」の多次元的な提供が求められるようになった。この経済社会の多次元化には、個人と企業と行政の協働で地域ニーズに合った公益サービス提供が必要である。

　パブリック・プライベート・パートナーシップ（PPP：Public Private Partnership=公民連携）の必要性は冷戦以降の欧米の政治、とくに英国の行財政改革の基本理念として影響を与えた、英国の社会学者ギデンズ（A. Giddens）が『第三の道』で述べている。いま、生活者・

第1章　園芸福祉の活動とは

「新しい公益」の多次元的な提供

```
[20世紀]                      [21世紀]
 上からの公益                   新しい公益
 (一元的判断)                  (経済社会の多次元性)
   ┌─────┐                    ┌──────────┐
   │ 行政 │                    │    公益    │
   └──┬──┘        ━━▶         │     ↑      │
      ↓                        │   NPO等    │
   ┌─────┐                    │            │
   │ 公益 │                    │企業・個人・行政│
   ├─────┤                    └──────────┘
   │ 国民 │
   └─────┘
```

「経済産業省　日本版ＰＰＰ」平成14年

企業・自治体の連携は、その地域に必要な公益サービスを提供し、豊かで暮らしやすい地域社会の実現に向かって、たいへん大事な協働の関係にあるといえる。

ソーシャル・キャピタルは「地域の絆資本」

　ソーシャル・キャピタル（SC: Social Capital）は、暮らしやすい豊かな地域社会をめざしてボランティアをはじめとする市民活動の蓄積を示す。米国の社会学者パットナム（R. Putnam）が、その論文『孤独なボウリング』（1995）でアメリカ社会におけるコミュニティ崩壊によるソーシャル・キャピタルの減退を象徴的に示した。

　すでに1916年にハニファン（L.J. Hanifan）が、学校が成功する必須要件として、地域社会の支援が必要であり、また社会を構成する最小単位である個人や家族同士のコミュニティとしての仲間意識、交流、共感は暮らしやすい豊かな社会をつくるために重要であることを指摘している。このハニファンの指摘がソーシャル・キャピタルの基本的考え方であり、その好循環の蓄積がソーシャル・キャピタルであると、パットナムは原初を示している。

　日本の地域社会での『絆』は、普請や冠婚葬祭、戦時において歴史の

中に記されているが、経済の高度化、生活の近代化にともない希薄になったことは否定できない。

内閣府国民生活局編『ソーシャル・キャピタル――豊かな人間関係と市民活動の好循環を求めて――』（平成15年）によると、〈ソーシャル・キャピタルという概念は、物的資本や人的資本と並ぶ概念として「社会的つながり（ネットワーク）」とそこから生まれる規範・信頼」であり共通の目的に協調行動へ導く社会組織の特徴とされている。社会資本が日本語で道路、空港、港湾などのハードのインフラ（社会基盤）を示すので、「社会的資本」とか「社会関係資本」、「人間関係資本」、「市民社会資本」といった用例があるが、まだ定訳がないので「ソーシャル・キャピタル」という表現を用いることとした〉とある。

例えば、ボランティア活動の活発な地域では、他の地域に比べ犯罪発生率が概して低い傾向にあり、失業率も低い傾向にある。逆に出生率は高い。

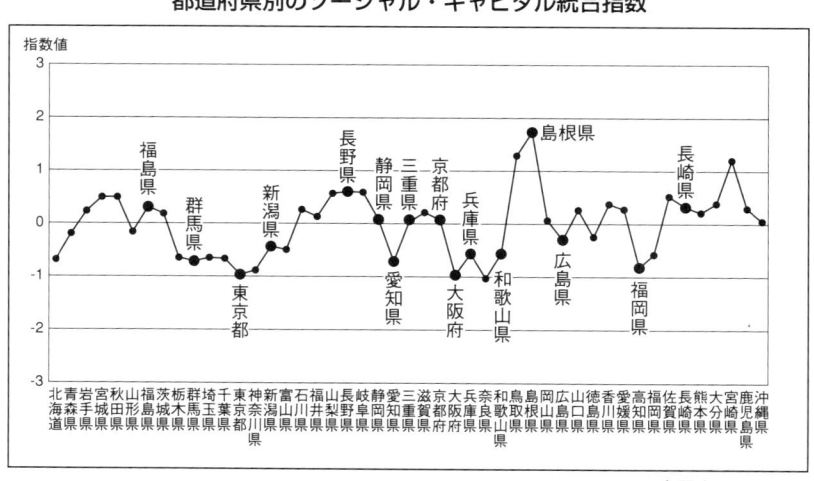

都道府県別のソーシャル・キャピタル統合指数

内閣府国民生活局

第1章　園芸福祉の活動とは

市民活動とソーシャル・キャピタル

Well-Being
暮らしやすい豊かな社会の実現

ボランティア活動をはじめとする市民活動　循環　ソーシャル・キャピタル（地域の絆資本）

Horticulture
Agriculture
Learning culture

Network

出典　「ソーシャル・キャピタル」内閣府国民生活局、平成15年より作図

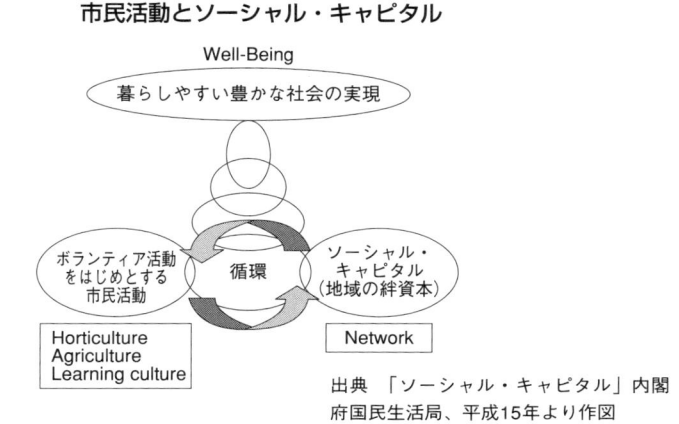

　地域における園芸福祉活動は、園芸の社会化とともに戸外での人々の園芸の楽しみや花と緑の多い社会環境の形成に貢献しつつ、住民同士の交流が増え、安心・安全で安定した生活環境に寄与する。また、小さなビジネスやコミュニティ・ビジネスにより、雇用創出の機会を生みだすであろう。
　ちなみに、内閣府国民生活局は平成15年の報告書に日本における都道府県別ソーシャル・キャピタル指数を示している。これによると、鳥取県、島根県、宮崎県の指数が高く、一般的には都市化が高度な地域において低い。
　つまり、みんなで仲間をつくって花と緑で楽しく活動することで幸せを運ぼう。園芸福祉活動は３つのカルチャー、つまりHorticulture（園芸）・Agriculture（農業）・Learning　Culture（学習する文化）で暮らしやすい豊かな社会の実現に寄与することができる。
　園芸福祉では、この見えざる資本であるソーシャル・キャピタルを「地域の絆資本」と訳して、地域に活かしたい。　　　　　　　　（吉長成恭）

2 園芸福祉と心身への効果――（1）

農耕・園芸の効用

健康と生きがいの追求

　高齢社会が現実となったいま、農村、都市に限らず、高齢者が健康に生き生きと暮らしてほしいと願うのは、家族にとっても、自治体にとっても、共通の思いであろう。だからこそ、何かうまい手だてはないかと、みんなが模索しているのであり、そのひとつとして、農耕・園芸がようやく注目されるようになったのである。

　そのきっかけのひとつとして、園芸療法という言葉が全国的に人々の関心を呼ぶようになり、地方でも聞かれるようになってきたことがあげられよう。その響きのやわらかさ、園芸から連想される花の美しさややさしさなど、療法につきまとう薬くささがない。にもかかわらず、それらが、治療やリハビリ、さらには健康とどうつながるのだろうか、という好奇心を誘う。これが、折からのガーデニング（園芸）ブームともあいまって、市民の関心を呼んだとしても不思議ではない。

　きっかけはともあれ、現実に健康や生きがい対策として活用できるのであれば、それを放っておく手はない。というより、なんでもよいから方法があるなら試してみたいというさしせまった状況に立ち至っているのかもしれない。

筆者はこれまで、園芸生産にかかわる研究から人間生活にかかわる園芸の役割に関する研究へと大きく転換してきた。そして、園芸療法については、幾多の実践事例を耳にした。そのなかで得た確信は、私たち自身が農耕・園芸活動とその生産物から、食料や花以外にも、きわめて多くの効用（恩恵）を受けていながら、空気の存在と同じように、それに気づかず、当たり前のこととして受けとめ、その重要性を考えてみようともしてこなかったということである。これらの効用（恩恵）を考えたとき、農耕・園芸は、高齢者の健康、生きがい対策として活用しうる、最も身近な活動であると、筆者は信じている。

農耕・園芸活動の効用（恩恵）

　そこで、まず、農耕・園芸活動が私たちにどのような効用（恩恵）をもたらしているかを要約する。

① 生産的効用

　野菜や果物、花、薬草や嗜好品の生産は、プロの農家だけでなく、家庭園芸に親しむアマチュアにとっても、重要で最もわかりやすい園芸の目的である。実際、手入れをしている植物が大きくなって、花を咲かせ、果実が実るなど、努力の成果が生産物というかたちになることは、なにか物をつくるときと同様に、達成感や自信を与え、意欲をもたせてくれる。できた野菜や果物を収穫したり、食べること、隣に分けてあげたり、町に住む子供に送って喜ばれること、売って小遣い銭が手に入ること、花と緑が花壇、庭、公園をきれいにすること、それらを観賞することなどによって、農耕・園芸への関心はさらに高まる。

② 経済的効用

　農家は、野菜・果物・花・薬草・嗜好品を生産し、それらを販売して経済的利益を得ることをめざす。アマチュアにとっては、野菜・果物・花をつくることができれば買わないですむし、余った花や野菜などを売

って小遣い銭を稼ぐのも楽しみのひとつである。庭の手入れが行き届き、街並みがきれいであれば、その地域への評価は高まり、そこに住みたいという人が多くなり、不動産価値は高くなる。ホテルの中庭につくられた植物園は集客率を高め、収入増加をもたらす（Evans Malone、1992）。オランダでは次のような話を聞いた。市の公園の一部が市民農園として貸し出される。市民農園は借りた市民が維持・管理する。したがって、市当局は貸し料を稼ぎ、公園の維持・管理費を節約できるというわけである（松尾、1985）。

③ 環境的効用

栽培している植物は物理的な環境条件を快適なものにする。たとえば、温・湿度変化の緩和、防火・防音・防風、遮光、空気の浄化、土壌保全や水資源の涵養、小動物の保護などがある。室内ではシックハウス症候群の原因となっている化学汚染物質を除き（Wolvertonら、1989）、ほこりの量を減らす（Lohr Pearson-Mims、1996）。これらの植物が庭や室内など身近な環境を彩る。その花や緑がときには心のやすらぎや落ち着きをもたらし、またあるときにはその高揚をうながすのも環境的効用といえる。こうした環境は他方ではプライバシーを約束してくれる。

④ 心理的・生理的効用

花や緑を見たときに不安や緊張がほぐれて気持ちが静まるなど、よく経験するが、これらは五感を通して植物などにかかわるときに意識しないうちに起こる本能的欲求の充足といえよう（松尾、2000）。これは、人類が緑の地球に住み、水と食べ物と安全を求めて生きてきたことを示す歴史的遺産であると考えられている（Lewis、1996）。最近では、それらの心理的効用を脳波・脈拍・血圧・皮膚の電気抵抗などの生理的反応でとらえる試みが進んできた。たとえば、植物の豊富な景観を見ると、脳波のなかのα波（アルファ）が増え、脈拍は少なく、血圧は下がり、皮膚の電気抵抗は大きくなるという（Relf、1992）。

⑤ 社会的効用

待合室の植物は患者の気持ちをほぐし、それを話題にすることによって患者との意思の疎通が容易になると、ある内科医は話していた。市民農園や花壇、庭、鉢植えの花や野菜などの生産物を介して、あるいは、共同作業による花壇、公園、街路樹の手入れを通して、家庭や地域でのコミュニケーションが容易となり、野蛮な行為が減り、人間関係が円滑になる。活動の成果は地域景観の美化に貢献し、外部からの評価を高め、住民自体が誇りをもつようになり、連帯感を強め、地域社会の形成（まちづくり、むらづくりなど）がうながされる。実際、1950年代後半にアメリカで始まったフィラデルフィアグリーン作戦は、貧民街の環境を美しく、人間関係を円滑かつ緊密なものに変え、さらには住民の社会意識を高めていった（Lewis、1996）。

⑥ 教育的効用

園芸とその生産物は、学校教育の場では、情操教育、理科教育、生物教育、農業教育、自然教育などのほか、社会、国語、音楽、算数などの各教科における教育の媒体として活用されてきた。最近では、環境教育、感性教育などで取り上げられている。また、家庭や地域社会においては、日常生活のなかで、食べ物、花や果実を使った遊び、家具や調度品などのデザインとなった植物、さらには、さまざまな年中行事や人生の節目節目の行事などを通して、美観、道徳観、価値観、文化を学び、教えられてきた。最近ではそのような植物とのかかわりの不足を体験学習というかたちで補おうという試みもある。さらに、園芸を通しての教育では、ほかの多くの活動では学べない行動である「育てる」ことを学び・教える「農芸教育」という視点が欠かせない（松尾、1986）。

⑦ 身体的効用

農薬汚染がなく、新鮮で栄養豊かであり、かつ、さまざまな疾病予防機能をもつ野菜や果物を食べることができるという予防医学的な側面と、

運動不足を補う、機能回復をはかる、脳や筋肉の廃用性萎縮(いしゅく)を抑える、体調を整えるなどの運動機能学的側面とがある。各種園芸作業の運動強度は一般にスポーツよりも小さいので、体力のない人（高齢者、子供、病み上がりの人など）も取り組める。運動機能の強化よりもむしろ廃用性萎縮の防止、高齢者の健康を維持し、老化の進行を遅らせ、認知症を防止するなどの面での効果が期待される（松尾、1997）。これにさまざまな心理的効果が加わって病気の回復を早め、痛みをやわらげ（Ulrich、1984）、医者にかかる頻度を少なくする（Relf、1992）とともに、健康の回復や維持を可能とする。

⑧ 人間的効用

植物の栽培で好奇心がわき、注意力が養われ、観察眼が鋭くなり、五感も磨かれる。うまく栽培して達成の喜びを味わい、自信を得るとともに自己評価も高まり、意欲がわく。生長に時間のかかる植物とのつきあいで忍耐力がつちかわれ、フラストレーションに耐えられるようになる。自分を当てにしてくれる植物とのかかわりで責任感が養われる。できた野菜や花を人が喜んでくれると、うれしい。つまり、自分と他人とのつながりができる。これによって自分が孤独ではないことを実感できるし、また、この世において自分の存在が無意味ではないことを知ることができる。これは、より良く、よりきれいに、よりたくさん、栽培しようという、いわゆる働きがいや生きがいを生む。これらの経験の積み重ねで人間的成長が期待される。たとえば、アメリカのある刑務所では、自他の区別がつかず詐欺などの罪で服役中の受刑者を園芸活動に従事させて、彼らの意識改造をはかったという報告がある（松尾、1996）。

（松尾英輔）

2 園芸福祉と心身への効果──(2)

植物・自然のもつ福祉的効果

園芸作業から得られるしあわせ

「福」と「祉」──両方とも「しあわせ」という意であることは、前にも述べられているが、英語ではWelfareとWell-beingが福祉の訳としてある。行政用語として福祉という場合はWelfareであり、社会的弱者をどう助けるかといったいわば「救貧」的な意味である。Well-beingは幸せを維持向上し、みんなで社会的弱者にならないよう「予防」する、「防貧」する意味が含まれている。園芸福祉はWell-beingの意味に近い。日常の生活のなかに花を植え続けるしあわせの継続「植える美ing」である。

植物や自然は、人間にしあわせを運んでくれる。その恩恵は人知の及ぶところでないが、誰もが感受することができる。これまで科学はいろいろな技法で、植物の効用について証明を試みた。しかし、多くの場合その論証よりも、実際に植物に触れたり、自然の懐に抱かれた体験のほうが、「しあわせ」を実感する。それは、まるで哲学者ゼノンのアキレスと亀の論証に似て、論理よりも現実のみが存在する。

植物や自然が人間に与える日常のしあわせについて、世の東西を問わずその記述に枚挙のいとまがない。

世阿弥の『風姿花伝書（花伝書）』は、能の奥義を花にたとえ、「秘す

れば花の如し」と、"花"が能の命であることを記している。アメリカ文学では、1800年代にソローがウォールデン湖畔に小屋を建てて暮らした記録を『森の生活』に残している。そこで、ソローは動植物と共生し、四季の佇まいを感じながら思索の時間を得た。自給自足の生活は、森の中のひとり暮らしで、まず経済とは何か考え、そして、「いかに生きるべきか」という人間の基本的課題を探求している。

　ヘルマン・ヘッセの言葉を借りれば、「自然は寛大であると同時にまた容赦のないものです」「土と植物を相手にする仕事は、瞑想するのと同じように、魂を解放させてくれます」(『庭仕事の愉しみ』ヘルマン・ヘッセ著、V.ミヒェルス編、岡田朝雄訳、草思社、1996)が印象深い。また、『人は成熟するにつれて若くなる』(同)で、ヘッセは園芸作業を通して老いることの豊かさを伝えている。

生きていることの実感

　園芸療法にかかわる人々が、必ずといってよいほどすすめるのが、レヴィス(Charles A. Lewis)著の『Green Nature Human Nature 私たちの生活における植物の意味』(1996)だ。もちろん園芸療法についても章を立ててあるが、この書物は人間と自然との関係について、的確な視点をもっている。そこに、いま、私たちが日本の社会で必要とし

福 Welfare＝費用・制度（ハレ）
社 Well-being＝日常のしあわせ
　　　　　　　感じるしあわせ
　　　　　　　　（ケ）

ハレ＝表立って晴れやかなこと
ケ　＝ふだん、日常的

Well-being
⇅
植える美ing

ている園芸福祉（Horticultural Well-being）の概念が示されている。

　なぜ、人々は花や緑を見たとき心が穏やかになるのか。そんな素朴な疑問を、第3章の「緑の自然の観察」で、レヴィスはD．ハンスフォードの言葉（『ウオルト・ディズニー・ワールド・リゾートの庭』Orlando：Walt Disney World Co.、1988）を引用している。
「われわれに文化的なしあわせ（well-being）をもたらす庭の莫大な貢献を測定することはできない。しかし、われわれは、いつもそれを感じとることができる。庭への訪問で五臓六腑に染み渡る経験は普遍的なものだ。そこにはどんな言葉のバリアも存在しない。まなこやこころ、魂こそが、われわれにすべてを翻訳するのだ」（筆者訳）
　近代になって人類は自然を開発することを美徳としてきた。それは人類に実態のない生命感を生み、自然が刻む時間とは別の人工的時間のなかで生きることに便利さを感じさせるようになった。いまに及んで、私たちは草を食むという本能的欲求に気づいた。つまり、植物や自然がもたらす福祉的効果とは、私たちの感受性であり、私たちが生きていることの実感なのである。

（吉長成恭）

2 園芸福祉と心身への効果――(3)

園芸活動における運動効果

多様な園芸活動に即した効果

　園芸活動は能力・年齢・障がいに応じて利用でき、活動能力に学歴や職種を問わない。播種(はしゅ)・散水といった簡単ではあるが欠かすことのできない活動から、難易度の高い身体機能、認知機能を必要とする活動まで、さまざまなレベルの活動が含まれる。ひとつひとつの活動は定型的にみえるが、植物の生育過程により変化に富んだ内容になる。

　園芸活動には耕作・播種・散水・除草・収穫といった園芸本来の活動から、収穫物を食べる、育てた草花を利用して作品をつくる、観賞するといった生活にかかわるあらゆる周辺活動を内在している。園芸活動は、人と自然との相互関係が直接的に作用する、これら一連の作業それぞれの場面で効果が期待できる。

耕作

　土を掘り起こして耕す、土をならす、畝(うね)をつくるといった活動は、比較的重量のある道具を使用する抵抗の大きい粗大な動作である。粗大な身体活動により新陳代謝を増進し、心身を賦活する。

　全身の運動能力、筋力、耐久性を強化し、関節の可動範囲や下肢の支持性、バランス能力、目と手の協調性・協応性などを向上させる。

播種・散水・除草・収穫

種をまく、苗を植える、水まきや草取りなど植物を育てる、収穫するといった活動は、比較的軽量の道具を使用し、抵抗はさほど大きくはないものの、注意力・集中力を必要とする比較的粗大な動作からテクニックが必要な巧緻動作まで含んでいる。

下肢の支持性、バランス能力、目と手の協調性・協応性向上のほか、上肢・手指の筋力や巧緻性を向上させる。立位でおこなう場合は、全身の運動能力、筋力、耐久性を強化することができる。

調理・創作

収穫物の調理、草花を利用した創作活動は、重量のものから軽量のものまでさまざまな道具を使用し、やや抵抗のある粗大な動作から抵抗が少ない動作まで幅広く含まれるため、対象者の能力に応じた活動の選択が可能となる。

これらの活動では、注意力や集中力、より高度な認知力を必要とする巧緻動作が多く含まれる。上肢や手指の筋力、巧緻性、目と手の協調性・協応性を向上させる。活動姿勢によっては下肢の支持性、バランス能力、全身の運動能力、筋力、耐久性を向上させる。

身体活動を継続することの重要性

園芸で体を動かすことは、精神的・心理的健康だけでなく、運動や筋力トレーニングという観点から身体的健康に役立っている。実際に園芸活動で汗を流すことにより、適度な疲労感と爽快感を覚えるという人は多いだろう。

適度な運動は高血圧症や糖尿病、高脂血症などの生活習慣病に対する非薬物療法として世界的に認められるようになってきた。さらに、その予防の観点から健康増進、健康づくりのために運動や日常生活活動を含む身体活動の重要性が注目されている。最近の研究では免疫力向上が注

目されている。

　第3次国民健康づくり対策として提言された「健康日本21」では、基本方針として、「生活習慣病の予防などの効果は、身体活動量（身体活動の強さ×おこなった時間の合計）の増加によって上昇する。長期的には10分程度の歩行を一日に数回おこなう程度でも健康上の効果が期待できる。家事、庭仕事、通勤のための歩行などの日常生活活動、余暇におこなう趣味・レジャー活動や運動・スポーツなど、すべての身体活動が健康に欠かせないものと考えられるようになっている」と述べている。

　誰でもできる基本的な身体活動として、1週間に2000kcal以上の余暇時間のエネルギー消費をともなう身体活動を、軽度から中等度の強度でおこなうことがすすめられる。これは息が少しはずむ程度で、自覚的運動強度の指標では「ややきつい」に相当する運動である。

　松尾英輔（1988年）によると、一日当たりわずか数分間のクワによる土起こし活動を約1カ月間続けたところ、握力には目立った変化は認められなかったものの、背筋力がおよそ50％強化されたという。また、松尾（1997年）は心拍数を指標としてさまざまな園芸活動の運動強度を測定して報告している。

　また、Taylor（1990年）は運動機能に注目し、「1時間の除草は約300kcalを消費し、これは中程度の速度で歩くことや自転車に乗ることに相当する。また、手押しの芝刈り機で1時間の芝刈りをすると500kcalを消費し、これはテニスをするのに匹敵する」と報告している。

　園芸活動にともなう軽度から中等度の運動は、植物という生命をもった対象とのかかわりのなかで、積極的に楽しくおこないながら、さらに習慣的・継続的に実施できる。このことが自然に生活習慣病の予防と改善、そして健康増進につながるといった多くの利点を有している。

　最近、高齢者人口の増加にともなう閉じこもりや転倒による骨折が社会問題化されている。これらの問題を解決するために私たちはどこでも

誰でも簡単にできる筋力トレーニング法の普及に努めている。コミュニティのなかで子供から高齢者まで広く取り組める園芸活動は、青少年の問題を含めた複合的社会問題の解決に期待できると考えている。

自分でわかる運動強度スケール

　園芸活動をおこなうときは、安全で効果的に自分に合った強度（負荷）で取り組むことが重要になる。

　園芸活動を通じて体力をつける方法には、①有酸素運動法と②筋力トレーニング法（活動前後におこなうストレッチ運動を含む）がある。

　図（『NEWお年寄りのための安全な筋力トレーニング』Fit For Your Life、保健同人社）を参考にして、有酸素運動の目安は自覚的に11～14の強度でおこなう。筋力トレーニング法では強度13を基準にし、体力に応じて強度15までおこなってよい。

　園芸活動には移動が必要なもの、立ち上がりや座位保持をともなうものなどの動作があるが、骨関節症などで疼痛が起こるときは無理な姿勢を避けるようにする。

（遠藤文雄）

図　運動強度スケール

自分でわかる運動強度スケール

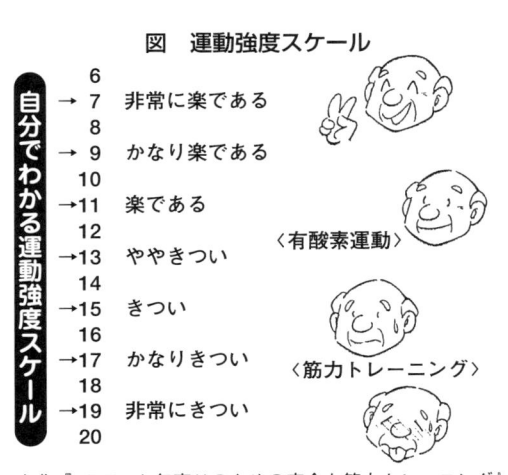

6	
→7	非常に楽である
8	
→9	かなり楽である
10	
→11	楽である
12	〈有酸素運動〉
→13	ややきつい
14	
→15	きつい
16	
→17	かなりきつい 〈筋力トレーニング〉
18	
→19	非常にきつい
20	

出典『NEW　お年寄りのための安全な筋力トレーニング』
（Fit For Your Life、保健同人社）。ⒸFit For Your Life

2 園芸福祉と心身への効果——(4)

園芸の精神的・心理的効果

心理的・生理的効果立証への試み

アメリカや日本における園芸療法の普及にともない、植物や園芸の効果について科学的な効果測定を試みる研究が盛んになった。とくに、臨床心理学や生理学、あるいは医学的手法で心理的・生理的効果の立証が試みられている。

臨床心理学では、質問票による各種心理テストによっておこなわれるほか、生体計測機器を用いて生理学的に測定する方法を用いることがある。例えば、ストレスを反映する自律神経系に対する反応を調べる方法である。脈拍数、心拍数、心電図上のR-R間隔の加算平均値、ホルター心電計、24時間持続血圧、皮膚電気抵抗、末梢血管血流量、発汗量、皮膚温などの測定によるものがある。脳波では、α波の出現時間や頻度、分布あるいは感情特異性脳波分析（武者）などが考えられる。

現在のところCT（コンピュータ断層写真）、MRI（磁気共鳴装置）などによる脳の画像分析による効果測定の報告は稀である。

かつてゲーテは植物に関心を寄せて自分用の植物園をもち、植物の生長を観察することによって「植物のメタモルフォーゼ（変容）」という学説を唱えた。1960年代に植物と人間の関係について、植物界のパンド

ラの箱を開けたのは、C．バクスターだ。リュウゼツラン科の観葉植物について、嘘発見器に用いられるポリグラフで、忘れかけられていた植物の知覚力を発見した。

　それが発端で植物の超感覚的知覚（ESP＝視覚・聴覚・嗅覚・触覚・味覚を超えた上位概念の知覚）を探る研究に、心理学者と生理学者との間で論争が熾烈(しれつ)をきわめた（『植物の神秘生活』P．トムプキンス、C．バード著、新井昭廣訳、工作社、1978）。千葉市の花の美術館では、観葉植物の電位的変化を体験することができる。

植物の時間と脳神経回路

　近年、脳神経科学の分野ではIT（情報技術）の進歩と相まって、脳の神経回路の分析が進んでいる。例えば、「ムカつく・キレる」に関係した脳の神経回路について報告がある。脳には、大脳皮質（新しい脳＝新皮質）から、大脳基底核の線条体という脳の深部（古い脳＝古皮質）に向かって、時間に関する2つの神経回路があることがわかった。

　ひとつは、線条体下部を通るループ（情動ループ）で、これは目先の小さな報酬予測（短期的利益追求に関与する部位）の回路と、もうひとつは線条体上部を通るループ（認知・運動ループ）で、これは将来の大きな報酬予測（長期的利益追求に関与する部位）の回路である。セロトニン（5HT）という神経情報伝達物質は、アルツハイマー病における記憶や認知の研究で有名だが、このセロトニンが長期的報酬予測機能を調節していると考えられている（山脇ら、Nature Neuroscience 2004）。

　植物のもつ大きな特徴に、裏切らないことと時間的概念の包括がある。アメリカや日本の刑務所でも受刑者に農・園芸プログラムを適用することは、日常的であり、職業訓練として栽培技術を身につけるばかりでなく、精神的・心理的作用を活用したプログラムとして効果を上げていると考えられる。脳神経科学の発達とともに脳における時間の解明が進み、

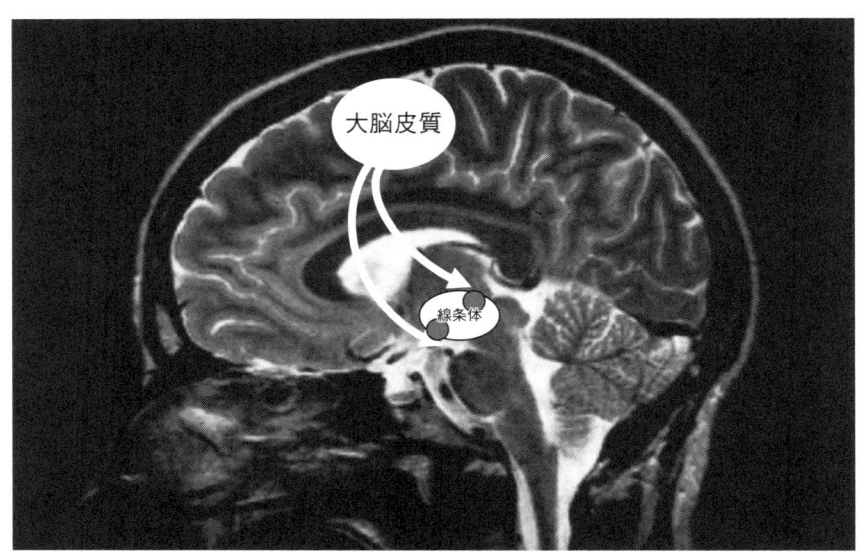

(山脇ら、Nature Neuroscience 2004より作図)

植物や園芸の精神的・心理的効果が分析されるであろう。

　植物の精神的・心理的効果の画像的分析に関して、CT（コンピュータ断層写真）やMRI（磁気共鳴装置）などによる今後の研究成果が期待される。

免疫機能とコミュニケーション効果

　精神的効果について、サイコオンコロジー（精神腫瘍学）に関連して、植物の精神・心理的効果を期待したい。サイコとは心理、精神のことでオンコロジーとは腫瘍学のことである。

　がん患者というとターミナルケア（末期医療）やホスピスなどをイメージする。最近、臨床精神医学の分野でサイコオンコロジーが発達し注目されている。

　がん患者の約40％はなんらかの精神不安定の状態にあり、末期には

70％以上の患者が精神疾患に罹患するといわれる。たとえば、不安、恐怖、抑鬱(よくうつ)状態、あるいは鬱病、譫妄(せんもう)などである。これらの精神状態に対し、薬物療法や支持的精神療法が必要となる。

　がん患者や自己免疫疾患、健康な人の精神的ストレス状態、過労時に生体を保護するために末梢血中に増加するNK（ナチュラルキラー）細胞がある。

　この細胞は、がん細胞やウイルス感染細胞を攻撃する役目をもつリンパ球であるが、加齢とともに減少する傾向にある。NK細胞はIL-12（インターロイキン12）によって活性化されるが、これらは安心感や笑いによって機能を発揮する。つまり、人間の免疫機能に大切なはたらきをもつ細胞である。

　園芸活動後のNK細胞の増加を調べると、適度な園芸作業をした場合と、単に花を観賞した場合の比較では、園芸作業をしたほうが有意にNK細胞が上昇したとの報告もある。この研究はさらに追試する必要性がある。免疫学的パラメーター（指標）の変動を測定し、精神的・心理学的効果のメカニズムに迫る興味深い知見を残している。最近になって、唾液からストレスを測る研究がおこなわれ、植物や園芸がストレスの緩和効果を立証する試みがなされているが、このような研究は、医療分野において園芸活動が緩和療法のひとつとして認知されることに貢献するであろう。

　しかし、園芸の精神的・心理的効果は、臨床的効果測定だけでは完全とはいえない。コミュニケーション効果こそが重要ではなかろうか？園芸福祉や園芸療法の分野での研究は、植物や園芸活動が人と人の間に媒体として機能した場合に生じる、社会的・人間関係論的効果を重要なテーマとして扱うべきであろう。

　　　　　　　　　　　　　　　　　　　　　　　　（吉長成恭）

2 園芸福祉と心身への効果——(5)

園芸福祉活動の効果測定

①心理的Well-being(植える美ing)尺度

　医学的アプローチによる、植物や園芸の効果については前項で触れた。また、園芸福祉活動の地域社会での意義について、第1章の（4）園芸福祉を地域社会に活かすために、の項で「地域の絆資本＝ソーシャル・キャピタル」の視点について解説した。ここでは、園芸福祉活動による生活の満足度と人間関係の心理学的アプローチで効果測定の試みを紹介しよう。

　近年、マーケティングとクオリティ・オブ・ライフ（QOL: Quality of Life＝生活の質）の研究や調査が進歩した。成熟した社会における生活満足度をウエルビーイング尺度として多面的に測定することが、マーケティング手法として定着している。つまり、消費者から生活者の視点へ経済活動が移行し、社会が成熟したことを示している。例えば、生活領域に関連したものでは、余暇ウエルビーイングに関連したQOLリサーチ、地域コミュニティに関連したQOLリサーチ、健康に関連したQOLリサーチ。特定の階層では、高齢者、女性、子供、学生、身体障がい者、失業者などに関連したQOLリサーチなどがある。

　これらの調査分析の基礎になっているものは、心理的人間関係の心理

学的アプローチである。例えば、幸福論の研究者リフは、心理的wellbeing尺度を大きく6つのカテゴリーに分け、個人的なウエルビーイングの差を測定した（Ryff C 1989, Ryff & Keys 1995）。それを西田（2000）が邦訳した。この6つのカテゴリーとは、Ⅰ環境制御力　Ⅱ自己受容　Ⅲ自律性　Ⅳ人格的成長　Ⅴ人生における目的　Ⅵ積極的な他者関係である。

　実際に、2006年にJA庄原のデイサービスセンターでおこなった広島県立庄原実業高等学校生徒の園芸福祉活動の調査では、以下のような傾向がみられた。

　1．園芸福祉活動を始めようとする高校生は、Ⅳ人格的成長、Ⅵ積極的な他者関係の項目が高い。2．園芸福祉活動後の高校生はⅠ～ⅥのうちⅣを除いた項目すべてが、高くなっている。Ⅳの人格的成長が低くなったとは言い難い。3．特に、「Ⅰ環境制御力、Ⅲ自律性、Ⅴ人生における目的」の伸びが著しい。4．女子大生の平均値に比べ、園芸福祉活

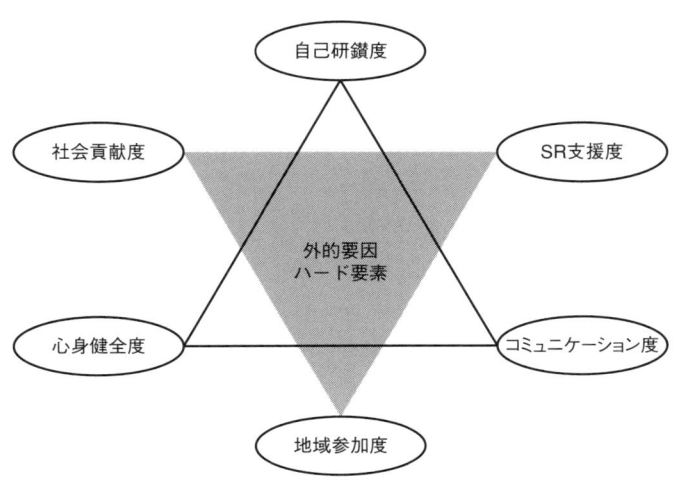

園芸福祉における「植える美ing」尺度の項目

- 自己研鑽度
- 社会貢献度
- SR支援度
- 心身健全度
- コミュニケーション度
- 地域参加度
- 外的要因　ハード要素

動前の高校生はⅣ人格的成長とⅥ積極的な他者関係の項目が高い。5．女子大生の平均値に比べ、園芸福祉活動後の高校生はⅠ環境制御力、Ⅴ人生における成長、Ⅵ積極的な他者関係の項目が高い。という結果が得られた。今後の課題として、サンプル数を増やす、デイサービス職員に対して同様の質問調査を実施するなどが考えられる。

さらに、園芸福祉普及協会ではWell-being尺度の策定について、関係省庁の政策のなかにおける福祉関連キーワードの抽出から項目設定を試みている。59頁の図はその骨子である（SR: Social Responsibility社会責任の意）。　　　　　　　　　　　　　　　　　　　（吉長成恭）

②THI調査による健康効果

自記式調査表で活動前後の心身の健康状態を調査

農・園芸活動には、心身の健康にさまざまな効果・効用があることは古くからいわれているが、それを数値的に立証した資料がないことも一方の現実である。日本園芸福祉普及協会では、集団の健康測定によく使われてきて、最近では、1999年東京杉並病の原因究明、同年沖縄嘉手納基地周辺住民の健康影響、2003年成田空港周辺住民の健康調査に応用されたという実績があるTHI東大式自記健康調査を改定した健康チェック票を使用して実証につなげる調査をおこなってきた。

2003年には、健康増進をキーワードとした厚生労働省・農林水産省・国土交通省・林野庁および環境省の連携事業のなかで、農林水産省主管のグリーンツーリズム総合推進対策（地方自治体活動支援）の充実と園芸福祉活動などの交流活動に対する支援策の充実をめざした実証調査の一環として群馬県倉渕村（現高崎市）で2泊3日のプログラム、2004年度には、初級園芸福祉士養成講座を開場した全国14会場で2日間にわたる植物を使用した実習カリキュラムの活動前後で対象者の心身の健康状態の変化を探った。

とくに、2泊3日でおこなった倉渕村での調査結果では、開発者の鈴木庄亮医師・医学博士からは、
(1) いらいら短気の状況を示す直情径行性をやわらげた
(2) せき・たんが少なくなるなど呼吸器症状を減らした
(3) 自分や周囲に素直になる方向へ価値観を強めた
(4) 狭い範囲を「思い詰める」ことがなくなる方向に思考の多様性を強めた
(5) 身体諸症状を減らし、抑うつをはらし、心のストレスを解消させた
「前記5点が、健康尺度で数量的に改善効果が明らかにされた項目だが、活動に参加することで、参加者はイライラ短気をやわらげ、抑うつ気分をはらし、身体諸症状を減少させ、思考をただすなど、心身に良好な影響をもたらすという結果が得られた。」という所見を得た。

人間が本来的にもつ生きる力を高める効果に期待

双方とも3日間以内という短期間の活動の調査であったが、50％前後に改善傾向がみられ、40歳以上で改善効果が高くなっている。草花の栽培や家庭でのガーデニングの広さ、さらに草花と接する時間などは40歳を超えると増加傾向がみられ、草花に触れ合うことが習慣化している。さらに新たなグループメンバーとの交流など、家庭でのガーデニングとは違った活動でこのような結果をもたらしたと推測される。

また、鈴木医師・医学博士の考察で、「男女とも抑うつを晴らし、些細なことを気にしない情緒安定効果が明らかにみられたことが注目される。」とあるように積極性も向上するなど心理面での改善効果が高いことが実証されたともいえる。また、2004年の第4回園芸福祉全国大会inしずおかの分科会では、発表者の病院長から関連施設の職員を受講させたところ、軽度のうつ状態であったが、受講によって改善され、今後、医療面でも注目したいとの発表もあった。

多彩な作業がある農・園芸は、ジョギングやウォーキングといったよ

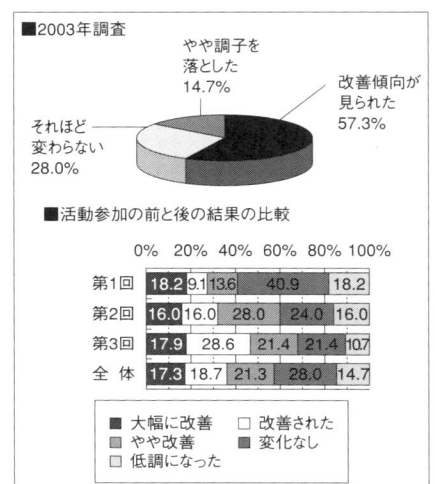

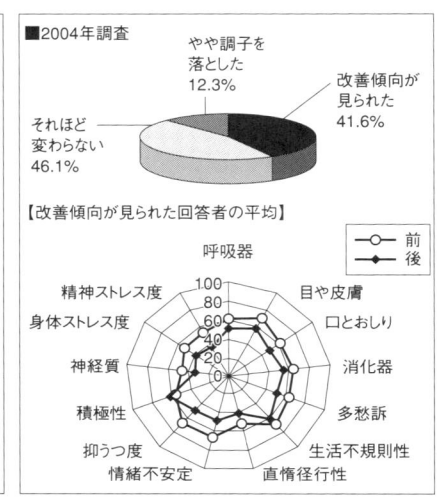

うな同じ動作の繰り返しではないため、身体的な効果は測定しづらいと思われるが、生命のある植物や人と同じ空間で過ごすことは、短期間であっても心理面では効果はあらわれてきているといえる。

　例えば、杖を支えに歩いていたお年寄りが草花と出合うと杖を置き忘れて歩み寄るという光景をよく目にするが、草花には人間の肉体をコントロールする脳の機能まで活性化する力をもっているようにも思える。

　今後は、継続した活動による調査結果も分析して、

(1)健康管理と生活習慣病に対する予防効果を向上させる
(2)本格的な高齢化社会における介護予防の方策とする
(3)企業内でのメンタルヘルス対策として位置づける

など園芸福祉活動を導入するための調査研究、地域資源を新しい視点から考えた地域活性化につなげる園芸福祉プログラムの開発と運用、人材育成と登用などにも取り組みを進めることが要請されている。

（大野新司）

第 2 章

活動を地域のなかに普及する

県立公園で福祉花壇づくり(岐阜県可児市)

1 園芸福祉活動の組織・人づくり──(1)

活動を担う「園芸福祉士」の養成

人づくりへの要請に応えて、資格制度・養成講座を導入

　日本園芸福祉普及協会の発足当初から、施設や地域サービスの向上やコミュニティ活性化に向けて園芸福祉活動の導入を検討したい、そのための人材養成ができないかという声が、地域の自治体や団体から数多く寄せられた。

　そうした要請もあって、園芸福祉の活動を地域に根づかせ、円滑に推進していく役割を担える人材の養成をめざして、2002年から協会認定の「園芸福祉士」の資格制度の検討に入り、その第一段階として、園芸福祉活動への基礎的な理解をもち、地域での実践・普及を進める「初級園芸福祉士」を設けた。資格の取得にあたっては、実践に必要な知識とノウハウを修得する「初級園芸福祉士養成講座」を全国各地で開催している。

　資格取得にあたっては、協会認定の20〜24時間のカリキュラムに基づいた「初級園芸福祉士養成講座」を修了、受験資格を得る必要があり、その修了者を対象に年1回（毎年2月）の資格認定試験の合格者を「初級園芸福祉士」として認定している。

　以上のように、受講→認定試験→資格登録と3段階に分けているのは、

受講者の意思を優先しようとのことからで、そのステップは、
- 講座受講：園芸福祉活動の知識・ノウハウを学びたい。
- 認定試験：講座受講における自身の修得状況を確認したい。
- 資格登録：資格者として地域のなかで実践に取り組みたい。

ということであり、とくに、認定試験では、実践意欲を問う記述問題もあり、資格取得後、自身が地域で取り組みたい活動を具体的に提案してもらう方式も導入している。そのため、年間の活動報告書の提出を要件としている。

受講者参加と情報共有を基本とした講座カリキュラム

初級園芸福祉士養成講座は、すでに、30都道府県以上で開催されており、全国46都道府県で3500名以上が受講している。

講座の概要を紹介すると、各地域に合わせた園芸福祉活動を展開するうえで必要と思われる知識や実践ノウハウを修得する講義がグループ方式の受講者参加型で進められる。所定時間の20時間以上のなかで履修する内容は以下のとおりである。

- 家庭のガーデニングだけでなく、地域の幅広い人たちと園芸福祉活動を通して地域コミュニティやまちづくりにつなげるための基礎的な知識やノウハウ。
- 将来的に園芸や農芸を通したさまざまな活動のリーダー的な役割を担うための活動を企画および運営するうえで必要な基礎能力。

以上の内容を5つの講義に分け、講師による講義とあわせ、実習や演習では、受講者全員が参加してのグループ討議や共同作業、各グループで製作した作品の発表などを通して、実践段階で活用できる仲間づくり、情報やノウハウの共有につながる講義形態をとっている。

幅広い年代、多彩な分野の人たちが受講

　初級園芸福祉士養成講座の受講にあたっては、年齢・キャリアなどは、とくに問わないため、全国各地の会場には園芸福祉の活動に関心をもつ幅広い層の人たちが受講している。毎年の受講者アンケート集計結果からプロフィールの特徴をあげると、

- 年代・性別／高校生から80歳代までと年齢差は60歳以上になっており、そのなかで最も多い年代が50歳代である。女性比率は毎年70％を超えている。
- 就業状況／約４分の３弱は仕事をもち、その分野は、福祉関係が最も多いが、次いで農業・園芸・医療・教育・食・住と幅広い分野となっている。

こうした受講者がグループメンバーとなって討議、さまざまな立場からの意見が出てくることにより、お互いにそれまで聞いたことのない情報を共有することが可能となってくる。

- 受講しての感想／「たいへん勉強になった」「ある程度参考になった」を含めると100％近くになり、グループ活動でおこなわれる講義についてもほとんどの受講者が賛意を示している。
- 受講後の活用について／「現在従事している仕事に生かす」との回答も含め、地域や社会のなかで生かしたいと考えており、実践を希望する分野は、就業分野で福祉関係の比率が高いこともあり、高齢者・障がい者を対象とした分野の比率が高くなっているが、地域に関連した分野に高い関心が寄せられている。

開講・受講を希望する団体へ開講システムの紹介

　初級園芸福祉士養成講座の開講を希望する場合、講座開講が可能な体制（開催事務局）を整えてもらい、カリキュラムと講師の選定を協会が

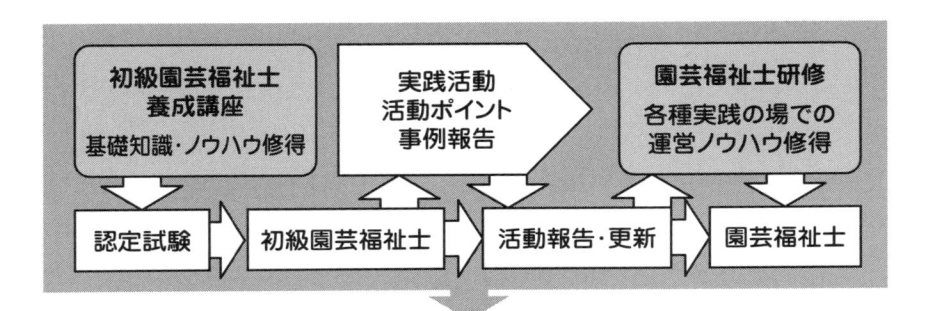

第2章　活動を地域のなかに普及する

```
┌─────────────────────────────────────────────────────────────┐
│  ┌──────────┐    ┌──────────┐    ┌──────────┐              │
│  │初級園芸福祉士│───▶│ 実践活動  │───▶│園芸福祉士研修│              │
│  │ 養成講座  │    │活動ポイント│    │各種実践の場での│              │
│  │基礎知識・ノウハウ修得│ │事例報告  │    │運営ノウハウ修得│              │
│  └────┬─────┘    └────┬─────┘    └────┬─────┘              │
│       ▼               ▲▼               ▲▼                   │
│  ┌────────┐  ┌──────────┐  ┌────────────┐  ┌────────┐    │
│  │ 認定試験 │─▶│初級園芸福祉士│─▶│活動報告・更新│─▶│園芸福祉士│    │
│  └────────┘  └──────────┘  └────────────┘  └────────┘    │
└─────────────────────────────────────────────────────────────┘
                            │
                            ▼
┌─────────────────────────────────────────────────────────────┐
│ 地域の各種団体や行政などと連携して生活者参加の園芸福祉活動の推進 │
└─────────────────────────────────────────────────────────────┘
```

おこなったうえで、受講者の募集を始めてもらっている。一般向けの講座の場合、開催団体と共催で開講する方式、自治体や団体から運営を一括受託する方式のいずれかで開催している。

開催スケジュールとしては、以下の3つのいずれかのコースが開催地の状況に合わせて選定されているが、準備や費用の合理性から土・日曜日2日間、2回コースでの開催が圧倒的に多い。

①土・日曜日2日間で2回開催コース（4日間）
②土曜日2～3週ごと5回開催コース（5日間）
③平日ないし土曜日3回開催コース（3日間）

また、地域へ園芸福祉活動の普及を進めている自治体や団体の人材育成を初級園芸福祉士養成講座のカリキュラムで実施しているケースも出てきている。行政関係では、岐阜県（園芸福祉サポーター）、岩手県、福岡県、長野県駒ヶ根市（花と緑のサポーター）、福岡県古賀市（緑のサポーター）、JA広島中央会ではデイサービススタッフ研修などがある。

さらに、農業課程のある高校や短大の授業での初級園芸福祉士養成講座の導入も進められており、年間の授業計画のなかに協会所定のカリキュラムを組み込み、1年間で修得してもらうシステムとなっている。

グループに分かれての計画づくり　　　　幅広い年代の人々が受講

地域で活動する初級園芸福祉士への支援

　資格登録時には資格認定証書と資格証が発行され、地域のなかで、園芸福祉活動を地域に普及するための取り組みを日常の仕事のなか、あるいは、仲間やグループをつくって自主的に進めてもらう。そうした活動を支援・フォローするため日本園芸福祉普及協会では情報交換や交流・スキルアップ・発表の場の提供などを行っているが、そのいくつかを紹介すると、

- 園芸福祉全国大会や園芸福祉シンポジウムの開催／全国のさまざまな事例の紹介や情報交換を行うための催事の開催。それらの場では、初級園芸福祉士の活動事例を発表する機会も設けている。
- 初級園芸福祉士実践事例発表会の開催／講座が開催された地域から誕生した各地域の初級園芸福祉士の参加による事例発表会も開催。他地域で活動する認定者の事例発表なども交え、情報共有や交流、地域での園芸福祉活動普及の支援も行っている。
- 活動・事例集などの小冊子発行／活動プログラム作成の参考としてもらうため、認定者が全国各地で展開している活動事例などを小冊子としてまとめ、ひとつの活動をなるべく多くの人たちと共有する体制も整えてきている。

（大野新司）

第2章　活動を地域のなかに普及する

1 園芸福祉活動の組織・人づくり──(2)

次代を担う高校生も意欲的に活動

「園芸福祉」を教育現場に取り入れる

　近年、園芸と福祉を融合した新しい分野である「園芸福祉」は超高齢化社会、福祉社会といわれるなか、さらに都市化・過疎化など生活環境の変容とともに大いに注目されてきている。

　教育現場である農業高校においても「生産・経営」を主体とする「物の豊かさ」から、「交流」や「農業生物の活用」「セラピー」などの「心の豊かさ」への流れがみられ、ヒューマンサービスの領域である「園芸福祉」を学習に取り入れてきている。

　多感な高校生にとって「園芸福祉」を学ぶことは、植物を介しさまざまな人々とふれあい交流することにより、豊かな人間性を涵養できる学習の場である。さらに地域社会のなかで、自らの考えや学んだ知識・技術を伝える実践的な実習体験を通して、次代を担う職業人、社会人としての資質、能力の向上が期待できる実り多い学習である。

　本校での、園芸福祉コースの指導目標は、「これからの福祉社会のニーズに応える」ことを掲げ、これを実現する援助方法のひとつとして、「園芸を福祉的に活用できる力を身につける」ことを狙い、授業を進めている。

高齢者施設で農園づくりや野菜栽培の協働作業　　寄せ植えイベントでの楽しいひとコマ

農業・福祉・環境・地域づくりを生かした実習

　現在、本校で取り組んでいる主な園芸福祉活動は、地域の公共施設等の美化・除草活動と高齢者や障がい者施設の花壇や菜園の管理である。地域の公共施設の美化については、野球場の清掃除草活動と地域の花壇制作実習である。地域での花壇制作実習の場としている「群馬の森」は、広く県民に親しまれている公園であり、年間を通じて子供からお年寄りまで多くの人が足を運び、芸術や歴史にふれるとともに、健康づくりや仲間づくりに利用する憩いの場でもある。ここでの実習は生徒がさまざまな授業で学んだ、農業・福祉・環境・地域づくりなどを総合して実際に生かすことのできる最適な場であり、あらゆる世代の人とふれあうことができるチャンスに恵まれている。

　活動内容は年間2回（春・秋）の花壇の植栽作業および花壇のメンテナンス作業。植栽に関しては、利用者の方が楽しめるようなデザインを工夫し、地域の方に愛着をもっていただける工夫を心がけている。さらに、植栽する草花は本校の生徒が栽培しているもので、本校の生徒がいろいろな場面で関わりをもつかたちになっており、多くの生徒が主体的に活動している。今後もこの「群馬の森」をさらに幅広く豊かに親しんでもらうために、「バリアフリー」よりも一歩進んだ福祉的思想を盛り

第2章　活動を地域のなかに普及する

地域の公園の制作実習

込んだ、年齢・性別・身体など人々がもつさまざまな特性や違いを超え、すべての人が利用しやすい「ユニバーサル花壇」を管理提供していき、ここを拠点として園芸福祉の広がりと住みやすい社会づくりの研究を深めていく計画である。

　また、高齢者施設での園芸福祉実習においては、利用者の方との交流を多くもつことを意識した内容を実施している。具体的には、施設内の菜園を耕したり、肥料や土を運ぶような作業は主に生徒が担当する。一方、種まきや野菜の収穫やフラワーアレンジメントのような、体への負荷が少ない作業は、利用者の方とともに楽しみながら実施して交流を深めている。こうした世代を超えた交流は、生徒の社会参加の意識が高まり、日常生活に対して視野も広げることができる。生徒が生活をしている家庭の大半は核家族であり、日ごろの暮らしのなかで高齢者の方と接することが少ないのが現状である。

　コミュニケーション能力が問われている昨今、興味や関心、生育環境の異なる人といかにして快く活動をおこなうか、快い時間を共有できるかなどを工夫し、心を砕くことは、社会人を目前に控えた高校生にとって学ぶべきことが多い実習課題である。また生徒は、施設の利用者の方に温かく迎えられ、次の訪問を待たれたり、感謝や期待されることで、自分自身の存在価値を実感したり人に必要とされている喜びを肌で感じており、すすんでテーマを決めたり計画を進められるようになっている。こうした園芸福祉の活動は、「人のために働く」という次代に不可欠な思想を、生徒の心の中に芽生えさせることができるものである。

（飯塚光恵）

1 園芸福祉活動の組織・人づくり——(3)

ボランティア活動の定着に向けて

ボランティア活動のスタッフに求められること

活動に参加する心得

　園芸を通してボランティア活動に参加する人には、時間・労力や園芸・植物についての知識や技術ばかりでなく、ほかにもさまざまな能力や配慮が要求される。そのためには、ボランティア活動を始める前に、自分自身を見つめ直す必要がある。取り組む活動に対していったい自分はどんなことができるのか、どんなことをしたいのか、目的意識をはっきりさせなければならない。

　そして、活動を始めるにあたっては、次のような知識や能力を養っておくことが望ましい。

　①園芸（植物、土、肥料、管理方法、栽培方法など）に関する幅広い知識と技術。②デザイン・造園に関するアイデア。③四季を通じて楽しめる園芸活動の提供。④屋内外の園芸活動の提供。⑤コミュニケーション能力。⑥楽しい雰囲気づくり。⑦継続性：「継続は力なり」ということわざがあるように、小さなことでも長く続けていくことはたいへんな努力を必要とする。⑧先駆性：ボランティア活動は、〝決まり〟にとらわれず、創造性に富み、〝夢〟を実現させようという大胆なことまで実現可

能である。⑨自主性。⑩ゆとり：気持ちの面でゆとりがあれば、相手を気遣う気持ちが生まれる。⑪共感：相手への共感は信頼感を生み出す。相手を見きわめるためには信頼感がいちばん大切なことである。

援助をするときの心得

病院や福祉施設で活動を実践するボランティアは、いくつか気をつけておかなければならないことがある。その第一は、病気・障がいに対する知識と個人情報を守ることである。利用者（障がい者、高齢者など）については、施設側でカンファレンスシートやフェイスシートと呼ばれる個人情報を管理している。こうした障がいをもった人たちや高齢者と接するときは、ボランティアでも病気や症状について知っておく必要がある。

また、利用者とかかわるとき、事前に気をつけなければならないこと、病気が発生したときの対処法などを心得ていなければならない。また、決して利用者の病気、経歴などは口外してはならない。これは利用者のプライバシーにかかわることである。病院や施設によっては口外しないことを約束するために書面上でその旨をあらわすところもある。

ボランティアは援助する側の一方的な行為ではない。援助する側とされる側が対等の立場で、ともに心と力を寄り合わせる共同事業でなければ本当の成功には結びつかない。

障がい者とかかわったことのあるほとんどの人は、障がいをもっている人から「十分に学ぶことができる」ということを感じたことがあるだろう。常に「お互いに学び合う」という姿勢が大切である。こうしたことがお互いの理解を深め、心のバリアフリーにつながる。

ボランティアを受け入れる側の心得

ボランティアの役割を明確に

施設や病院が園芸福祉ボランティアを受け入れる場合に心得ておくことをあげる。

①なぜボランティアが必要か、その理由を考える。
②ボランティアは職員ではなく、その代わりでもない。役割を明確にする。
③ボランティアが何をできるかを把握する。経歴や趣味は活動に役立つ。また、ボランティア＝安い人材ではない。ボランティアを安い人材と考えて受け入れるのは間違いである。ボランティアを募る際には、保険、活動費、交通費などの扱いを事前に考慮しておかなければならない。

③について、イギリスではランドユーズボランティア（LUVs）という制度があり、これはスライヴ（Thrive：イギリス園芸療法協会）が運営する失業対策制度の一環として実施されている。ボランティアは主に園芸をおこなう施設の整備、施設利用者の訓練、園芸分野における職員の補佐などを担当する。園芸技術をもつ失業者や学生の供給によって、障がい者のための治療園芸プロジェクトをバックアップする活動にあたる。

フルタイムの準スタッフとしてはたらくため、ボランティアには食事と週20ポンド（約3500円）が支給される。また、園芸というバックグラウンドを通して人々に障がい者や高齢者とはたらく機会を与える。活動の利点はボランティアでの経験は職能の向上や雇用のチャンスにつながり、自分に自信をもつことができる点にある。とくに失業者の場合、活動にかかわっていくうちに自信喪失、イライラが解消されるという。

ボランティア活動の費用負担

ボランティア活動にともなう費用を誰が負担すべきかについてはいろいろと議論がある。①全額ボランティアの自己負担、②交通費や食費だけを受け入れ側が支給、③いくらかの賃金を受け入れ側が支払う「有償ボランティア」など、いくつかのケースが考えられる。

これまで実際にボランティア活動をした人の話を聞くと、「交通費は欲しい」という人は少なくない。ボランティアが無償性という特徴をも

つことから、報酬を少しでももらうという考えに異論を唱える人もいるだろうが、無償性に執着してしまうと活動が広がらないだけでなく、継続も困難になると思う。

　いくらかの報酬を受け取るとはいえ、依然ボランティアであることには違いない。労働価値を超えない範囲で報酬を受け取る場合もあるということを理解する必要があろう。

成果を生むボランティア活動への提案

ボランティアへのサポート体制の充実

　ボランティア活動を成功させるために、ボランティアのサポート、養成が欠かせない。ボランティアが活動するにあたり、受け入れ側には「負担」がともなう。「負担」は「責任」とも言い換えられるが、要するにボランティアをサポートする責任のことである。

　サポートすることによって、ボランティアには自信や能力の向上が望まれ、結果的に活動全体が充実したものになる。サポートの方法はさまざまであるが、まず、第一に受け入れ側はボランティアが活動しやすい環境を整える必要がある。そのためには、

　グループミーティングの実施：受け入れ側スタッフとボランティアとのグループミーティングは欠かすことができない。とくに、患者や障がい者のいる病院や施設では、スタッフとボランティアがよく話し合い、相互に信頼できる関係を築くことがボランティア活動をスムーズに進行させるための大事な要素になる。

　ミーティングにより問題点などを解決し、また討論を通し、お互いの意思の疎通や情報交換が可能になり、より効果的な活動が期待できる。

　ボランティア対象の養成講座：講習会を開催することにより、活動に必要な能力を養成することができる。また、ボランティア同士の関係を深めるとともに、ボランティアに対する共通理解・知識などを身につけ

利用者に園芸の楽しさを伝えたい（福祉センター）

ることができる。

　講座の内容はさまざまであるが、基本的に次の項目は必ず頭の中に入れておく必要がある。

　①園芸に関する知識と技術、②障がい・病気に対する知識、③事故防止、安全対策、④事故・病気発生の際の対応と応急処置、⑤コミュニケーションの仕方、⑥援助・介護の実技など。

　そしてなによりも大切なのは、講座から学んだことを生かして園芸の楽しさを利用者に伝え、意欲を引き出すことである。そうすれば、これからボランティアをおこなおうとする人に自信がつき、充実した園芸活動が可能になる。

ボランティア活動における問題点と期待

　園芸療法などのボランティアと一緒に活動をしてきて、これまでさまざまな問題に直面してきた。そのなかでも代表的な問題をあげる。

①継続性（長続きしない）
②組織づくり（施設・病院・公共団体＋ボランティアコーディネーター＋ボランティアの協力）

　ボランティアの数が増え、活動が盛んになったことで、さまざまな問題に直面するようになる。園芸を通じた福祉という同じ枠の中にいても個々の知識、考えは違うものである。

　ある程度の組織ができれば、マニュアルをつくってボランティアが動きやすい環境を整えなければならない。そのために、ボランティアコーディネーターを介して施設や行政、ボランティアが協力し合う体制をつくっていくべきである。

　「福祉」とは障がいをもつ人、高齢者、子供のためだけにあるのではない。すべての人が対象である。それは行政からの保障ではなく、「扶助」である。つまり私たち一人ひとりが自分のおかれている社会に関心を寄せなければならない。そして私たち自身で住みよい環境づくりをつくっていく責任がある。

　園芸は私たちに楽しみや喜びをもたらし、生活を豊かにする。園芸を通したボランティア活動は、細かいニーズに応えた有用なサービスを提供することができるため、システムとして定着すれば生活の質の向上が期待できるだろう。

＊

　ここまで、私たち国民の生活を豊かにする視点から園芸を通したボランティア活動について、その重要性・必要性などを考察してきた。社会の流れとして物質的な豊かさを追い求める一方、精神面の豊かさを求める動きはさらに大きい。ボランティア活動のなかにおける園芸福祉の有用性について理解していただき、大勢の方に園芸福祉活動に参加していただきたい。

（関口弘子）

1 園芸福祉活動の組織・人づくり——(4)

英米にみる園芸福祉活動

アメリカのマスターガーデナー制度

　アメリカのマスターガーデナーは、1972年にワシントン州にある農事研究機関が創設したマスターガーデナー・プログラムによって育成されている。受講料は無料だが、50時間の園芸関連のトレーニングを受けたのち、1年以内に受講と同時間のボランティア活動を自分の地域でおこない、身につけた専門技能を社会へ還元して修了し、マスターガーデナーとして登録される。

　マスターガーデナーは、コミュニティボランティアとして他の州にも広がっている。現在約5000人以上の人が活躍している。病院や学校、福祉施設での園芸療法のサポートはもちろん、地域のホームガーデナーや家庭菜園づくりなどの問い合わせ、地域緑化活動などに、最新の情報と園芸指導をもってあたり、コミュニティでは重宝されている。

イギリスのボランティアプロジェクト

　イギリスでは第2章の(3)で触れたように、2001年現在、1500以上のグループが、社会的そして療法的農園芸プロジェクトを進めている。これらは、個人の土地を含み、市民農園、養護学校、病院、ホスピス、刑務所、公園、老

人ホームや知的障がい者厚生施設などの福祉施設でおこなわれている。6万人の人々が感覚障がい、身体障がい、LD（Learning Disability＝学習障がい）や精神の健康になんらかのトラブルがある人たちの支援をしている。

　NPOのスライヴ（Thrive）は、このような支援活動のネットワークを支援している。支援の内容は、専門家の人材育成や派遣、専門的アドバイス、ミーティング、情報、ニュースレターの発行である。定期的な機関紙の発行は、情報交換とトピックスの課題の討議内容を掲載している。また、社会的そして療法的園芸におけるプロジェクトワーキングのネットワークデータベースの維持管理、園芸の福祉的サービスの質的維持と向上に関する認定スキームの開発などをおこなっている。

　ランドユーズボランティア（LUVs＝Land Use Volunteers）計画は、1991年にスライヴの前身組織がスタートさせたもので、現在も続いている。園芸技術をもつボランティアが、療法的園芸を計画するプロジェクトに参加し、障がい者と一緒にはたらく機会をもつことを目的としている。

　ボランティアの期間は、6カ月から1年。食事、宿泊のほか、週当たり約20ポンドが支給される。最近は英会話の修得も兼ねてか、日本の若い女性の参加が多くなった。

　日本においても、ボラバイト（ボランティア・アルバイト）制度として、英国のランドユーズボランティアのシステムを参考に導入して成果を上げている福祉施設がある。職場での人間関係やストレスで、うつ傾向や自己喪失的な精神状態になることが多くなった。その状態から離脱するために、医学的アプローチのほか、自主的に福祉施設で数週から数カ月実習を求め、自らが希望して研修生活をすることができる。現地への旅費は個人負担で、受け入れ施設では宿舎の供給がある。食事の提供とアルバイトの日当が支給され、作業は園芸福祉活動をはじめとする施設での職務に従事する。この体験によって自尊心を取り戻し、職場復帰が可能となり、メンタルヘルスにボラバイト制度が一役買っている。　　　　　　（吉長成恭）

2 園芸福祉の事業化と運営管理──(1)

園芸福祉活動のマネジメント

「ヒト・モノ・カネ・情報」の有機的循環

　経営とは継続できる運営の意味であり、創設の想いを永続的に活動を通して継続していくためのプログラムである。これは、園芸福祉活動にかかわらず一般の事業活動においても同じく、その活動の目的を達するための、「ヒト・モノ・カネ・情報」の有機的循環活動の保障である。

　園芸福祉活動として、従来の一般的な経営理念や形態と異なることはないが、活動の性格上、社会福祉向上のための公益的な面が大きい。とくに最近では特定非営利活動法人（NPO法人）が事業主体者になって、園芸福祉活動をおこなっているケースも多くなっている。これは民間団体やグループで結成され、公共・社会的目的をもつ営利が目的でない事業体で、園芸福祉活動の推進には適している。

　企業など営利事業体で園芸福祉活動をおこなう場合は、採算性を重視した経営としてではなく、企業の社会貢献（CSR）を主眼とした方針で望むべきであり、長いスパンの経営計画が必要である。

　個人の経営で園芸福祉活動をおこなう場合は、その動機として遊休土地の利用とか、その他の資産の運用、職業や経験の蓄積の活用などがあると考えられるが、実際の経営に際しては、相当厳しいものがあると認

地域独自の花(ハナカツミ)を地域の人たちと栽培(福島県)　　病院の入院者と一緒に年間活動(広島県)

識して対処する必要がある。そのために経営についての研究や事前調査、実地調査などを十分おこなうべきである。

活動目標とPDCAサイクル

　活動目標はそれぞれの活動主体によっても異なるが、大目標となる植物や園芸活動を介した心身の健康づくりにあることは共通認識である。その目的にそって活動し、その評価を点検して繰り返したり、次の活動に推移したりするプログラムの設定作業が欠かせない。

　すなわち活動計画におけるPDCA（PDCA：Plan Do Check Act＝計画・実行・学習／評価・行動）サイクルが原則である。記録・評価表などの様式やシステムについては、それぞれの形態から異なるが、その活動主体による適切なフォームを検討・研究すべきである。

　福祉・医療施設における記録・評価のシステムについては、医療カルテなどすでに整っているので問題はないと思われるが、園芸福祉にかかわる記録や評価については専門的な処置や評価法が加わることになる。医療分野における園芸福祉活動の目的としては、リハビリテーションや作業療法の一単位としての活用だけではなく、園芸福祉活動としての総体的な効果、とくに癒しや精神的な効果などメンタル面での動作や変化

障がいを持つ人たちの自立支援をするセルプ（SELP）で草花栽培（大阪府）

障がい者の農家就労への支援／ジョブコーチシステム（静岡県）

の経過などを記録して今後の参考や展開につなぐものにしたい。施設としては、圃場や花壇、グリーンハウス（温室）、そして通路や諸施設にユニバーサルデザインを施す必要がある。また、隣接の農地などを活用して農家との提携事業とすることや、近隣の園芸福祉ボランティアの協力を得て活動を推進する方法がある。

農業の福祉的機能を

福祉授産施設（セルプ）福祉工場、福祉作業所などの園芸福祉活動としては、主に植物などの生産活動になるが、活動の分類としては農業の分野である。厳しい経営状況の農業分野にあってはインテグレーション（垂直統合）的な付加価値の製品を生み出さないと競争に耐えられないのが実状である。すなわち、生産した植物や花の単品出荷ではなく、クラフト加工したり、二次製品に仕立てたりして価値を付加することである。

いずれにしても、採算性が問われる形態であるが、福祉マーケティングの研究などによって独自の商品開発や販路の開拓が必要である。

また、福祉農業を経営するには、自主経営になるため、経済的な面での運営を考慮する必要がある。農業は多面的機能をもち合わせていて、

そのうち園芸福祉活動は農業の福祉的機能を発揮する場として重要である。従来の単一業種とは違った業界複雑交差の「園芸福祉農業」という新しい業態の誕生ととらえた意識で考える必要がある。すなわち、極力、異業種の人たちと接していろいろな角度からの考え方やニーズを感触して、それらに対応できる体制を整えていく必要がある。

戦略的な長期計画と資金調達が継続のカギ

運営にともなう基本的な問題は、その活動主体または母体となる活動団体においても、しっかりと戦略的位置づけをした長期的計画が必要である。もちろん試験的期間はあるとしても、個人的な主導や興味だけで開始される場合はその継続は難しく、そうしたことでせっかくの活動が中途で挫折している例は多くみられる。

資金面については、当初立ち上げるための主に施設・設備などの初期投資（イニシアルコスト）と運営のためのコスト（ランニングコスト）になるが、運営コストの無理のない資金調達方法が活動の継続を図るうえにおいても重要になってくる。単に生産したものの売上金だけに頼らず、それらにかかわる講習会収入やイベント企画など多様なソフト資金源を確保して、理念追求事業として発展させることである。

使用する施設や備品などは遊休地や施設の活用が考えられるが、昨今は各都道府県など行政保有の公園などの施設の委託運営の指定管理者制度が普及してきており、それらを活用して園芸福祉公園など園芸福祉の活動をおこなっているところも見受けられる。これも個人での委託は難しいが、団体やNPOなどを組織して運営しているところが多い。

いずれにしても、園芸福祉活動の運営については、規模の大小にかかわらずマネジメントの確立が要求される。　　　　　　　　　　（近藤龍良）

2 園芸福祉の事業化と運営管理——(2)

園芸福祉活動の実践に生かすための事業計画

事業計画づくりのポイント

　園芸福祉活動が、地域社会のニーズに合うように戦略的に企画され実践されるために、近年注目されているプリシード・プロシードモデルについて触れる。

　プリシード・プロシードモデルは1970年にグリーンら(Green, Kreuter, Deeds, Partridge 1980)によって開発された。このモデルは、専門職によるコミュニティ開発に源を発し、健康行動に関するヘルスプロモーション・プログラムに適用されている。
プリシード・プロシードモデルのプリシード（PRECEDE）とは、Predisposing, Reinforcing, and Enabling Constructs in Educational /Environmental Diagnosis and Evaluationの頭文字で、プロシード（PROCEED）とは、(Policy, Regulatory, and Organizational Constructs in Educational and Environmental Development) の頭文字で1991年にプリシードモデルと一体となった。

　このモデルは、みんなで一緒に活動することが実践の原則となっている。地域における人々の行動を、より確実に変容させるために、対象者の優先順位の高い地域の社会的課題の解決や目標の設定に立ち向かって

活動をするには、みんながパートナーシップを積極的に形成し参加し、成長することである。

このモデルは、次の９つの段階からなっている。

１）社会的アセスメント

コミュニティにおけるニーズを明確にする。地域の課題の抽出と共有化、コミュニティにおける組織の効用と参加や関与について地域資源を確認する。

２）人口動態的アセスメント

健康問題の場合は、疾病や健康管理上の疫学的アセスメントであるが、園芸福祉活動では、地域の人口動態が中心になる。

３）行動・環境アセスメント

介入すべき地域課題、例えば子供の通学路の安全、障がい者・高齢者の雇用、公園や農地、生産緑地等の維持管理についての課題を検討し選択する。

４）教育・生態アセスメント

活動の開始と変化そして活動を継続することに影響を及ぼす要因の特定をする。これは大きく３つの要因に分類され、行動や環境の変化に影響する。

①前提要因：行動の根拠や動機づけに影響する要因。例えば、個人の園芸や福祉の知識、好み、技術（園芸、福祉、パソコン等）、信念。

②強化要因：行動の継続や繰り返しのための報酬やインセンティヴ（誘因）を与えること。例えば、社会的支援、仲間、重要な支持者など。

③実現要因：行動に先行する動機づけを可能にする要因。例えば、活動計画のロードマップづくり、いつ・どこで・何を・なぜ・誰と・どのように・いくつで、といった測定可能な目標を記述し、地域の資源を確認し、みんなで活動の立案段階で参加することなど。

これらは個人、対人関係、コミュニティレベルの３つの段階ですべて

有用に機能する。

　5）行政・政策アセスメント

　コミュニティにおける園芸福祉活動の実施や推進において、その活動の発展阻害要因となる政策やリソース（時間・ヒト・資金・場所など）が利用可能かどうか、状況をはっきりさせておく。

　この時点で園芸福祉活動のプログラムは6）実行となる。続いて、7）プロセス評価、8）影響評価、9）結果評価、という段階に入る。実行までの1）から5）までのプロセスは、園芸福祉活動をコミュニティで成功させるためのもっとも重要なものである（参考文献：Karen Glanz et. al.『健康行動と健康教育——理論、研究、実践』 曽根智史ほか訳　医学書院　2006）。

園芸福祉活動を担う組織体の充実（目標を定めることの重要性）

　進む目的があれば、人々はよい対応ができる。目的もなくさまようことは人々をいらだたせ、また失望をさせることもある。多様な能力をもった人々が集まり協働して園芸福祉活動する際に、参加者の力が有効に発揮できるようにするためには、活動の立案が重要な出発点となる。園芸福祉活動を担う組織体は軽やかでやさしく、ある面では堅牢さももち

活動の使命の明確化

１．何をしようとしているのか
　（地域のニーズや課題解決との整合性）
２．何を達成（実現）したいのか
３．使命が明文化されているか

第2章 活動を地域のなかに普及する

園芸福祉活動の例

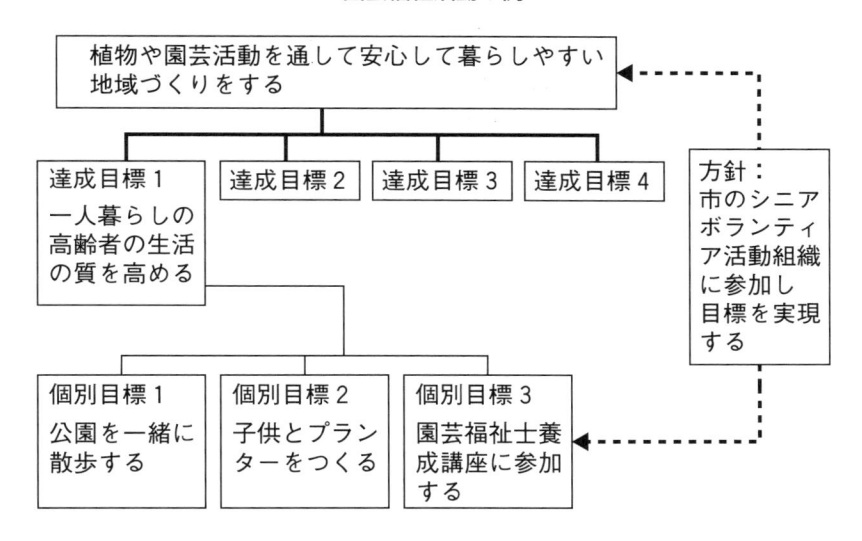

```
                植物や園芸活動を通して安心して暮らしやすい
                地域づくりをする
                        │                                    ▲
        ┌───────┬───────┼───────┬───────┐                    ┊
    達成目標1   達成目標2  達成目標3  達成目標4              方針：
    一人暮らしの                                          市のシニア
    高齢者の生活                                          ボランティ
    の質を高める                                          ア活動組織
        │                                                に参加し
                                                         目標を実現
                                                         する
        │                                                    ▲
  ┌─────┼─────┐                                              ┊
個別目標1 個別目標2 個別目標3                                  ┊
公園を一緒に 子供とプラン 園芸福祉士養                         ┊
散歩する   ターをつくる 成講座に参加 ┄┄┄┄┄┄┄┄┄┄┄┄┄┄┄┄┄┄┄┄┄┘
                     する
```

あわせる必要がある。このような園芸福祉活動を進める充実した組織体にするために、園芸福祉活動が継続的におこなわれるための大きなスキームを検討すること。まず、活動の使命の明確化、次に、使命に基づく目標の設定である。これができたら次は、具体的な活動計画と実施時のワークシートづくりをする。もちろんこれには帳票に基づく収支報告も必要となる。事後の客観的評価と関係者への間を置かない報告は、活動の反省と次の活動への工夫や準備につながる。事業プランの立案に基づいた園芸福祉活動は、実践中に生じた問題をすばやく解決することに役立ち、また実りの多い実践活動の継続性に貢献する。
（参考文献：日本園芸福祉普及協会編『実践事例　園芸福祉をはじめる』創森社　2004）　　　　　　　　　　　　　　　　　　　（吉長成恭）

2 園芸福祉の事業化と運営管理——(3)

欧米の運営システムも参考にする

園芸福祉事業と価値観(生活創造者、LOHAS)

　活動の質の向上のために自分や所属する組織のSWOT（強み・弱み・好機・脅威）を客観的に分析することが必要。SWOT分析は、活動の立案に有効である。何を実行することが必要か、それは実行可能かどうか、どのように実行されるか、誰が関与すべきか、いつまでにおこなわれるか、活動の過程や完成するときをどうやって知るのか、あるいは知らせるのか、などを特定すべきである。

　米国の経営コンサルタント、ピーター・ドラッガーが言いあらわしたような価値体系におけるひとつの主要な変化は、社会のあらゆる面に波紋を引き起こした。1995年に社会学者ポール・レイは、アメリカ人の価値体系を分類した10年間にわたる研究結果を発表した。彼は、「新たな特徴ある社会の動き」を明らかにした。それは、「物欲主義以後」の価値観をもつ人々である。現在、米国の大人の人口の26.1%（約44万人）、つまり4分の1にも達しているこのグループを「生活創造者（cultural Creatives）」と名づけた。グループの大半（60%）は女性である。このグループがロハス（LOHAS：Life style of Health and Sustainability）の担い手となっている。この新しい価値観をもった文化創造者たちの突

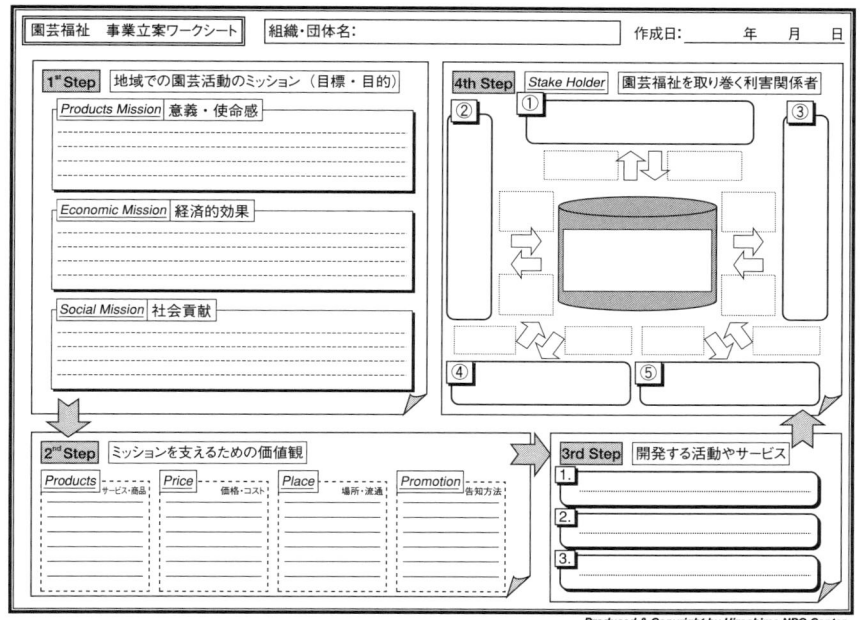

然の興隆は、ビジネス市場で経済的影響を与えている。この影響を示すもののひとつが進展する自然食品産業である。新しい方式のヘルスケア（ハーブ・漢方・ホメオパシーなどの代替医療）の増大。代替エネルギー、リサイクル運動への広がりゆく支援などである（参考文献：吉長成恭監訳Hal Brill, Jack A. Brill & Cliff Fregenbaum『Investing with your Values －Making Money & Making Difference（あなたの価値観による投資）』Bloomberg Press 2000)。

　園芸福祉事業の仲間をつくって一緒に活動する人々の価値観について、参考にするために、LOHAS的価値観を参考にしてみよう。18項目のうち、10以上あれば、生活創造者（cultural Creatives）といえるとレイは述べている。

LOHAS（Life style of Health and Sustainability） LOHASの担い手は生活創造者（cultural Creatives） 米国の大人の人口の26.1%(米国約5000万人)
1．自然を愛し、自然破壊を大いに憂慮している。 2．地球全体の諸問題（地球温暖化、熱帯雨林破壊、人口問題、持続可能に欠ける生態系、貧しい国々における労働搾取）を明確に意識し、経済成長を観察するといった行動が必要であると思う。 3．環境の浄化や地球温暖化防止のために自分が支払った金が使われるなら、もっと税金を払ったり商品が高くても購入する。 4．人間関係を広めたり維持することを重視する。 5．他人を助け、その独自な才能を発揮させることを重視する。 6．1つ以上のボランティア活動に従事している。 7．自分の心と魂を成長させたいと思う。 8．精神性あるいは宗教は自分の人生の中で重要だが、宗教右翼の政治の世界における動向については懸念している。 9．職場において女性はもっと平等に扱われるべきだし、ビジネスや政界に女性の指導者がもっと多く必要だと思う。 10．世界中の女性や子供への暴力や虐待を憂慮している。 11．とくに子供の教育と幸福、地域社会の再建、生態学的に持続可能な未来を構築するために、政府はもっとお金を出すべきだと思う。 12．政治の右翼でも左翼でもなく、また、どっちつかずの中道でもない新たな道を見出したい。 13．われわれの未来については楽観的な見方をしており、メディアが伝えるような皮相的で悲観的な見方を信じることはできない。 14．自分の国によりよい新たな暮らし方をつくり出すことに関わりたいと思う。 15．利益を上げるという大儀名分を掲げて大企業が行っている人員削減、環境問題、貧しい国での搾取を懸念している。 16．ローンと支出は収入内におさまっており、収入以上にお金を使う心配はない。 17．成功すること、金をもうけて使うこと、富や贅沢品を重視する今日的な文化は嫌いだ。 18．異国情緒ある外国の人や場所が好きで、自分とは異なる暮らし方を体験したり、学ぶのが好きだ。
(訳)麗澤大学助教授　犬飼孝夫　出典：大橋照枝『「満足社会」をデザインする第3のモノサシ』ダイヤモンド社2005

　この生活創造者の価値観が園芸福祉立案ワークシート作成に有効である。

　ここでもう一度、園芸福祉活動つまり生活環境の質を保全するための福祉活動のテーマを英国のアロットメント・ガーデン（市民農園）の事例を参考にしてみよう。

　ダートフォードの地域環境の質（QED：Quality Environment for Dartford）は、スライヴ（Thrive：イギリス園芸療法協会）のネットワークグループのひとつである。このグループは、テムズ川河口にあるケント州ダートフォード市を活動拠点にしている。イギリスには都市農芸活動に基盤をおいた多彩な地域住民グループがある。QEDの考え方は、「われわれは単に親からこの地球環境を相続したということでなく、われわれの子供たちから借り受けている」という1992年のリオ・デ・ジ

ャネイロで開催された地球サミットで採択された行動計画「アジェンダ21」と連動している。

　市中のアロットメント・ガーデン整備は、環境問題を全体論的にとらえ、コミュニティに根づいた農園芸を福祉的に活用し、地域づくりに役立てるという公民パートナーシップ型（PPP：Public Private Partnership）プロジェクトがいくつか推進されている。

　QEDは、公害、廃棄物とリサイクル、地域の安全、都市計画、農園芸を介した環境教育、コミュニティマネジメントの情報開示と説明責任、文化創造、余暇開発、レクリエーション、人々の健康維持増進、リハビリテーション、野生生物の保護、有機農法、公共交通機関や電気自動車・自転車などの輸送関連などのテーマで、大学生・高校生など多彩なボランティアグループで成り立っている。このような農園芸活動の多様性を活用して、地域コミュニティの自治性を住民の手で保ち、次世代へ贈るための持続可能な開発を試みている。

健康のための園芸とは

　QEDの市民グループのうち、ヘルスグループの園芸療法プログラムは、高齢者や障がい者のみならず、すべての人々が農園芸を楽しめるように設定され、「健康のための園芸」は、単に病気の有無を問題にするだけでなく、すべての生物が健康的なライフスタイルにアクセスできる環境を整えることを目的にしている。身体的・知的障がい者や高齢者はもちろん、他のNPOや市民農園グループなどとともに都市環境プロジェクトを起こし、地域コミュニティでの生活の質の向上に貢献している。

　QED市民農園グループの研究主幹であるリチャード・ウィルトシャー氏（ロンドン大学）の同意を得て、1998年に企画されたダーレン・バレー・カントリー・パークのプロジェクト案を紹介しよう（図）。

　結果としてこのプロジェクトは実現しなかった。しかし、コンセプト

図　コミュニティにおける「園芸福祉の花」

- 運営・経営管理・支援
- 環境教育
- 地域コンポスト施設
- 園芸療法
- 野生生息地と餌場
- 植物性廃棄物収集システム
- 持続可能な林野
- コミュニティぶどう園
- 市民農園
- 歴史的遺産果樹園
- 養蜂技術
- 市民農園グループQED
- 医薬用ハーブガーデン
- パーマ・カルチャーと有機農法

ダーレン・カントリー・パークプロジェクト

Richard Wiltshireの原図（1998年）を吉長改変

『園芸福祉のすすめ』（日本園芸福祉普及協会編、創森社）より

は市民農園における農園芸活動についてホリスティックなアプローチであり、筆者はこれをコミュニティにおける「園芸福祉の花」と賞したい。

（吉長成恭）

第3章
コミュニティづくりに生かす

遊休地を活用して世代間交流（兵庫県宝塚市）

1 地域から始める園芸福祉活動――（1）

コミュニティづくりと園芸福祉

コミュニティとは

わが国における「コミュニティ」の解釈・定義づけは、R．M．マッキーバー（R.M.MacIver）理論を翻訳し、「地域社会に形成される共同生活体、地域的領域」をコミュニティと称しており、次のように定義づけられる。

『参加とふれあいに支えられた地域社会』

　ハードなとらえ方をすれば「住居の集合体」

　ソフトなとらえ方をすれば「人間の集合体」

　　＊現代社会ではもっと多様な「複合体」

現代社会でコミュニティは、単に「地域社会・地縁の共同体」に限らず、「連帯・強調・意思疎通のある個人集団」のほか、「相互作用をもつ団体組織などで、人間形成や社会形成に役立つ交流を深め、意図・目的・目標などの約束事をもって形成され、行動する諸団体」を含む複合組織集団と解釈するべきである。

さまざまな活動を母体にして意図的に形成される「アソシエーション」は、「団体、連想、連帯」と訳されながら、「コミュニティ活動の一端ではあるが、コミュニティそのもの（共同生活体、地域社会）とは違う」

といわれてきた。しかし、連帯・協調・意思疎通のある共同生活体（地縁社会）には、夫婦・親子、高齢者や若年者、地域に立地する学校や企業などが所属し、人と人がかかわり合ったり相互作用をもつ集団・サークルなど、「参加とふれあいに基づき機能し合う組織・団体」が含まれると解釈するべきである。

　コミュニティの性質や範囲については、身近な居住地域は活動の拠点でありコミュニティ形成に大きく作用する大切な要素ではあるが、辞書の意味や概念でのみとらえるのではなく、社会動向、価値観や意識の変化は概念をも変えているので、その大部分は「個人の意識」にあるととらえるべきである、と考えられる。

　コミュニティは、その最小単位が「夫婦」であり、また、その性格は目的等をもつ「会員制」である、と考えられる。

「地域」イコール「コミュニティ」とするには、次のような不合理な点がある。

①地区の境界に住む人の生活行動と行政地区意識に対する矛盾や稀薄性。
②市町村合併・分割・飛地(とびち)等の行政単位と生活実態の差異現象。
③生活利便性、憩い、目的性などを加味したフレキシブルな集合体で考えなければ機能しない問題が山積。
④それぞれがかかわり合う多くの小団体は地域だけでくくれない
⑤意識調査では、「自治会もわずらわしい」という世代が多数を占めている。

地域コミュニティと園芸福祉の概念

「街」を人体にたとえると、「まちづくり」の基盤は骨格であり、建設・付設される機能は臓器である。コミュニティ（人）は「街の命」であり、コミュニティの仕組みは血管であり、この仕組みで活動する人々は血液

である、ということができる。

　コミュニティは「街の命」というのは、「街」は人々によって支えられ、暮らしとともに永遠に受け継がれるからである。

　かつて向こう三軒両隣、小学校区、町内会などの「地縁的基盤」は、互いに支え合いながら生きていく共通の拠り所集団だったはずなのだが、コミュニティをモノ（形態・権威）化したことにより崩壊の道をたどり、こころもとない現象が数多く露呈してきている。

　地域の連帯や協調、生活共同体的意識が薄らいでいる今日、地域でのコミュニティづくりは、とくにニュータウンなど新しい街でのコミュニティづくりは、大きなエネルギーを要する。また、人間がかかわりをもつためには意思の疎通や、情報の交換が必要であるので、情報交流システムがコミュニティを支える要因ともなっている。そこで、情緒的・情報的空間という共感性をもつ機能や媒体とのかかわりでコミュニティを考える必要がある。

　街は、さまざまな考えをもった人々が集まって住む所なので、この地理的空間のみを大ざっぱにとらえた地域社会をコミュニティというのではなく、かかわり合う多数の意識をもつ小集団の活動を対象としなければならない。

　日本園芸福祉普及協会が目的とする園芸福祉は、「自然と植物、農芸・園芸を介してより広い生活場面での健康回復や生きがいをめざすコミュニティの創出」と定義している。この園芸福祉の精神と活動は園芸療法の枠を超えて緑のまちづくりや身近な地域活動の活性化をうながし、その範囲は、植物などを利用して自然治癒力を高める代替医療的分野にとどまらず、園芸作業や農耕に携わりながら生涯現役で、心身ともに健康な暮らしができる環境の整備・普及まで広いとらえ方をしている。全人参加の広範囲な市民活動であり、社会性を加えたライフスタイルの提案でもある。コミュニティ創出の面からしても、時代に則した考え方であ

るといえよう。

コミュニティ意識の課題と変化

いま、地域コミュニティが対応を求められている主な要因には次のような事柄がある。

①日常生活が人間らしさを取り戻す場であることを目的とした「相互交流」への希求の増大

②生活上の価値観が生活手段の「個別所有主義」から「公共的使用主義」へと変化する傾向

③生活の場を集団的に防衛するために「地域環境の整備」が必要であると考える人々の増加

④防犯・防災や、社会活動などの各種情報の入手が容易になったため、親密さ、目的をもったコミュニケーションを高めたいという欲求の増大

⑤密集的定住性が深まったため、「地域社会的合意」を重視する志向の増大

戦後コミュニティの変遷

コミュニティは戦後、次のように変遷してきている。

①「特定型地域社会」(1960年代まで)

地域密着型、向こう三軒両隣の継承。顔と名前が一致し、出処進退や屋号、一族の履歴まで明らか。活動も血縁主体の申し送りの時代。

②「概念型役割社会」(1990年代まで)

情報入手の範囲拡大と迅速化に伴い、つきあいの選別による地縁的基盤の薄弱・形骸化。機能限定的集団、経済優先的集団形成の時代。

③「着想型表現社会」(2000年初頭)

パソコン、マス媒体を通じての認知社会で、フィードバックが希薄な選択の時代。他方、災害など社会不安が地域コミュニティ再生をうながし、課題に向けた交流活動の希求。

→自然をテーマとした活動交流がコミュニティ形成へ。
園芸福祉の活動目標
園芸福祉の活動の目標としては次のことがあげられる。
①全人参加のコミュニティ(ノーマライゼーションの場)を創出
②集う者の交流を深める自然とのコミュニケーションを促進
③地域や場の個性を重視し、自然との共生をはかる
④環境負荷を軽減し、安全な作物の育成や循環型環境の形成
⑤季節を楽しみながら活動し、作業プロセスに重点をおく
⑥植物の世話や愛情を注ぐことによる心身の癒し、健康回復や生きがいづくり
⑦園芸・農芸で形づくる創造性やデザイン力の鍛練
⑧景観形成・環境形成の促進研究
⑨生産・収穫の喜びを謳歌する
⑩五感を使った体験で人体機能の育成

まちづくりと園芸福祉

緑を基調としたまちづくり思考

　人間が生活するうえでの環境は、自然環境と社会(人為的)環境に大別されるが、地形、植生等の天然資源や生物群、土地利用、集落(都市)、産業等の相違や組み合わせによって、地球上にはさまざまな景観が存在している。
　景観(ランドスケープ)は、単に視覚のみに限らず、五感に訴える特徴づけを領域とすることにある。日本人の美的意識や感覚には、早春の鶯の声や残暑の夜の虫の声に感動を覚えるなど、四季を通じて折々の自然の移ろいを愛でる感性がある。日本の風土のなかでつちかわれる感性は、単に、形や色彩などの目に見えるものだけでなく、風の音や鳥の声などの「サウンドスケープ」(音の景)や、花の香りをはじめとする植

物などの香りの「スメルスケープ」(においの景)、味覚や触覚をも含む「ボディスケープ」(感触の景)など日常生活にうるおいをもたせる感性が大切である。

　優れた生活環境や美しい街を誇示するときに「緑豊かな…」と表現されることが多いのは、居住環境は、植栽によって評価されることを物語っている。植物は景観機能だけでなく生活者に健康やうるおいをもたせ、季節の移り変わりを告げてくれるなど、日常生活に欠かせない存在であり、心身の健康や癒しを与えてくれる重要な役割をもつ素材でもある。

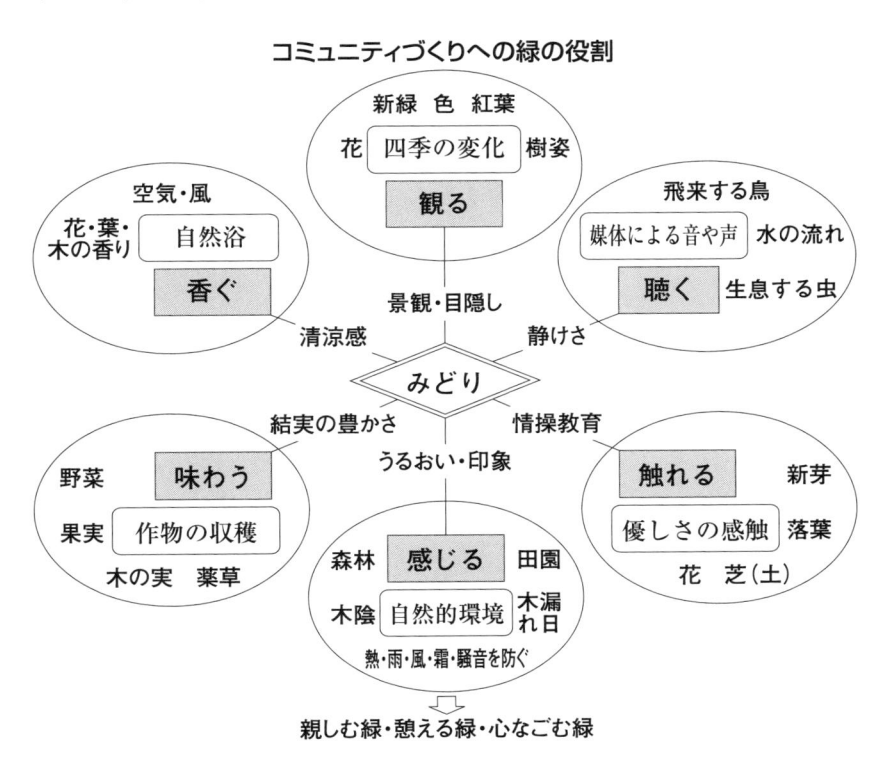

コミュニティづくりへの緑の役割

観る：新緑　色　紅葉　花　四季の変化　樹姿

香ぐ：空気・風　花・葉・木の香り　自然浴

聴く：飛来する鳥　媒体による音や声　水の流れ　生息する虫

味わう：野菜　果実　作物の収穫　木の実　薬草

感じる：森林　田園　木陰　自然的環境　木漏れ日　熱・雨・風・霜・騒音を防ぐ

触れる：新芽　落葉　優しさの感触　花　芝(土)

みどり
景観・目隠し／清涼感／静けさ／結実の豊かさ／情操教育／うるおい・印象

⇒　親しむ緑・憩える緑・心なごむ緑

街並みの基調は風土である。景観は、歴史的風土の変遷の集約で、年代を経た街ほど景観遺産が多く、風土とともに生きた人々の住まい方など生活にも深くかかわっている。まちづくりは、人々の感性やライフスタイルを分析し、人と風土、生活と地域の関係を質と量で表現する思考が求められる。
　街の美しさは緑の量と素材の組み合わせのバランスが必要であり、季節の変化と人工のものとの接点を考え、人工のものを自然に同化させる工夫をこらすべきである。それには、景観材料の選択や色相・配色も重要な役割をもつのである。
　街は、単に人と建物の集合体というだけでなく、いわば詩的要因の複合体であることが求められており、単体の美のみを論ずることでは終わらない。複数の建築物が並ぶ街並みシークエンス（ひと続きの連続した風景）をどう展開し、快適空間をいかに演出するかにある。
　「人間は、生まれ育った土地の景観に応じて世界をイメージする」といわれるが、私たちは、地域特性を把握し、敷地という限定された枠を超えて、時の流れや人々のかかわりとともに変化する空間造形に対して社会的提言をするべきである。

地域づくりを主体としたまちづくり

　地域住民のまちづくりの第一歩は、まちづくりに関する情報蓄積や人的交流と、政策立案をはかる自主的な活動グループ（園芸福祉活動等）を組織することである。
　活動グループの組織づくりは、共通の価値観や目的をもつ仲間がその核になり、参加者の年代と職業に幅をもたせることが望ましい。そして地域性、現場性、市民性、総合性をもたせ、ソフト／ハードの枠を超えた人間形成（人づくり）をめざす。
　市民主導のまちづくりの最大のメリットは、その地域がもつ歴史的・社会的・自然的条件を基礎にして、住民の主体的な考えと行動によって

つくられる「その地域らしさ」、「街」の個性化の表現を実現できることである。近年、市民ニーズの多様化で高齢者介護、街並み保存、遊休地活用、循環型生活環境など、行政のみでは対応できない課題が続出している。まちづくりがさまざまな段階で市民からの提唱でおこなわれるなど、市民活動への行政参加型まちづくりというパターンも出現したりしているだけに、園芸福祉の諸活動はますます重要性を増してきている。

　これからのまちづくり

　これからのまちづくりにあたっては、次の点が考慮されるべきである。
①エコミュージアム（資源、遺産の継承と活用）のまちづくり
　・立地・自然環境資源、歴史文化資源、生活文化資源、地場産業資源、施設資源など地域固有の資産を活用して地域文化をはぐくむ
②協働のまちづくり
　・幅広い分野の人たちのネットワークによる地域活動、暮らしの交流、地域文化の体験、生活サポートなどによる心・人・地域の育成
　・公園、歩道、空き地、景観、環境など街の計画、整備、維持管理
③循環型のまちづくり
　・環境負荷軽減のための、身近な取り組みをまちづくりに組み込む
　・自然基盤の保全・再生、資源の循環利用、自然エネルギーの活用

園芸福祉が推進する緑のまちづくり（仮説）

　園芸福祉が推進する「緑のまちづくり」としては、次のテーマ、コンセプトがあげられる（仮説）。

　・テーマ…………「自然とともに心ふれあう文化の薫る街」
　・コンセプト……「緑に囲まれ、自然が息づくまちづくり」
　　　　　　　　　＊エコロジカルな基盤づくり（維持管理）
　　　　　　　　　＊個性あふれる美しいまちづくり（維持管理）
　　　　　　　　　＊文化をはぐくむ施設づくり（維持管理）

（戸澤昭良）

1 地域から始める園芸福祉活動——(2)

園芸福祉の
実践プラン作成のために

プランづくりの目的

「プラン」を国語辞典でひくと、「設計。計画。案。趣向」とある。プランは、活動などのソフトや製造（建設）前のハードなど形のないものを、「いつ」「どこで」「誰が」「なぜ」「何を」「どうする」の要素を文字や言葉、図、絵であらわしたものであり、伝える内容により大きく次の3つに分けて考えたい。

まず1つ目は、「企画・提案型プラン」であり、資金調達や仲間集め、社会的提案など人の説得を目的とするプランがある。このプランは、「なぜ」の要素が最も重視され、次いで「どうする」の比重が高くなることが多い。具体的には、プラン策定の背景と目的、実施されることによる効果が強調された内容となる。

2つ目は、施設や設備、作品などのハードづくりにかかわる「設計型プラン」である。このプランは、「どこで」「何を」という場所と物をあらわすことが重視され、図や写真を中心に表現し、文字は説明の補助的役割とするほうが、理解を得られやすい。

3つ目は、活動や人間関係などのソフトにかかわる「活動型プラン」である。このプランは、「誰が」「どうする」も大きなウェイトを持つが、

「いつ」の要素を時間の流れで表現するのが特徴である。スケジュールやシナリオのように文字中心で表現する場合と、流れを表現する図（フロー図）を用いる場合も多くある。

活動プランの作成

園芸福祉の活動は、おこなわれる場所、対象者、テーマ、活動内容など多岐にわたり、その組み合わせを考えると膨大なパターンとなる。活動する場所だけ見ても、屋外での活動、屋内での活動、屋内外を組み合わせた活動に分けられ、広場や空き地、農地などから、花壇、室内、卓上などさまざまである。さらに、活動の対象を高齢者や障がい者、子供などに特定した活動や、地域住民などすべての人を対象とする場合など、それぞれプランは異なってくる。

プランの作成は、数多くの要素を有機的に組み合わせることであり、

時間の流れや効果を表現したフロー図の例
クラインガルテンの波及効果イメージ

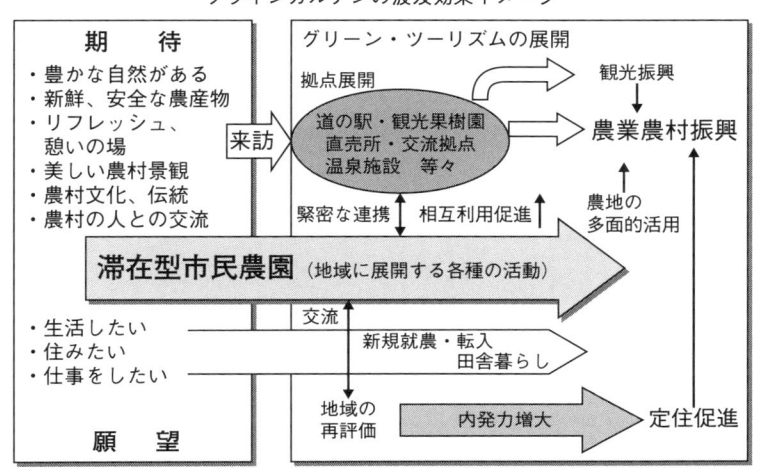

期待	グリーン・ツーリズムの展開
・豊かな自然がある ・新鮮、安全な農産物 ・リフレッシュ、憩いの場 ・美しい農村景観 ・農村文化、伝統 ・農村の人との交流	拠点展開 → 観光振興 道の駅・観光果樹園 直売所・交流拠点 温泉施設　等々 → 農業農村振興 緊密な連携　相互利用促進 農地の多面的活用
滞在型市民農園（地域に展開する各種の活動）	
・生活したい ・住みたい ・仕事をしたい	交流 新規就農・転入 田舎暮らし → 定住促進 地域の再評価　内発力増大
願望	

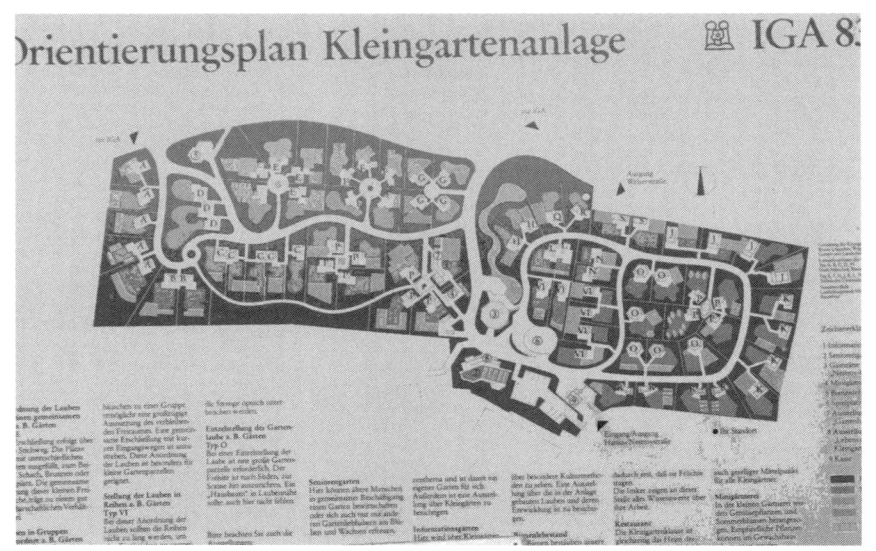

国際庭園博覧会において提案されたクラインガルテンの土地利用プラン（ドイツ・ミュンヘン1989年）

　プランづくりの経験が浅い人には難しいことである。しかし、プランづくりは、数多くのプランをつくり、プレゼンテーションや実践を経て習熟していくしかない。私の経験では、プラン作成の第一段階として、他のプランを模倣することから始めることが最も効率的であった。そのためには、日本園芸福祉普及協会が発刊している実践事例集、プログラム提案集などを参考に、プランづくりの目的が合致した事例のなかから、読んで納得した人のプラン構成、書き方、図や写真の使い方などをベースにして、自分の実体験をプラン化してみることをすすめる。

　次の段階は、発想を豊かにすることを主眼に、自分の実体験を膨らましたプランをつくることである。例えば、実体験は、「家族と一緒に花壇をつくった」だが、そこに家族だけでなく障がい者が加わったことを想定してみる。すると、自分たちだけでできるのかとか、実体験は花を観

第3章　コミュニティづくりに生かす

グループの知恵と経験を重ね合わせて　　遊休化した農地の活用は大きな課題

　賞しただけだが、この花を活用したクラフトができないか、と発想を発展していくことでイメージが広がっていく。想定することが苦手な人は、家族など複数の人と話し合うことにより、プランがふくらんでいくことは、初級園芸福祉士養成講座のグループ討論で体験するとおりである。
　この2段階で何度かプランをつくってみると、模倣していた段階からある程度自分の色が出せるようになってくる。おそらく、多様な対象による活動を、時間の流れで考え表現することができるはずである。ここまでくると、プランの書き方より内容の充実をはかる段階となる。そこで重要なことは、プランのなかで使用する言葉は、自分のなかで意味をしっかりと理解している言葉に限ること、タイトル以外は可能な限り具体的な表現に心がけることである。例えば、「五感を刺激して」とか「QOLを高める」、「植物の癒し効果」など、しっかりとした説明をできない人が使い、かつプラン上にあまり反映していない場合、作成者の能力が疑われ、プランそのものの信頼性も低くなる。格好いい言葉を使うより、自分の言葉で表現するほうが、何倍も素晴らしいと思う。その意味で、カタカナ語の使用は極力抑えたほうが望ましいと考えている。
　内容の充実をはかるには、普段から問題意識をもって情報に接するようにしたい。自分が園芸福祉活動で何を実現したいのか、例えば「障がい

105

者の社会参画」なのか、「都市の緑環境の充実と市民参加」なのか「高齢者の生涯現役」なのか、自分なりの園芸福祉の課題をもち、常に気にかけることが有用情報をとらえ、プラン内容の充実へとつながる。

園芸福祉活動のプランづくりでの留意点

　園芸福祉活動のプランづくりの基本は、仲間を中心にした二重の四つ葉の図である（4頁参照）。この図で継続する園芸福祉活動は、基本3要素、実施4要素、共有4要素の11項目から成り立つとしているが、それに加え、プランづくりに欠かせない3つのポイントを留意点としてあげる。

　第一の留意点は、植物を育てることをプランに組み入れることである。もちろん、活動の対象となる人によっては、植物の栽培にかかわる能力がない人もいるかもしれないが、その場合は、初級園芸福祉士が中心となって植物を育て、その折々の課程を対象者が見ることでもいい。植物の生長する時を共有することが大事なのであって、野山を散策して山野草を摘み加工する作業は、園芸福祉活動のよいプランとは言い難い。

　第二は、参加者のコミュニティづくりを工夫するということである。ここでいう参加者とは、園芸福祉活動を主体的におこなう初級園芸福祉士を中心とした仲間と、その活動に加わることにより幸せになる対象者の両者である。コミュニティは、ただ顔を合わせているだけでは形成されず、本音で意思の疎通をはかることによってつくられる。かといって、議論すればいいわけではない。旅行やイベントなど楽しい時間をともに過ごすことにより、自然に打ちとけわだかまりがなくなり、おのおのの人となりを理解し、信頼関係を築くことも多い。園芸福祉活動においても、花の植栽や農作物の収穫など、楽しい園芸活動を共有する機会をコミュニティ形成に活用するように工夫したい。また、楽しい時間だけでなく、夏の草取りなど辛い作業も、達成感や仲間意識を醸成するには有

第3章　コミュニティづくりに生かす

イベントもコミュニティづくりには大きな役割を果たす

住宅地でのオープンガーデンの活動が商店街美化・活性化まで波及（北海道恵庭市）

効である。コミュニティの創出が園芸福祉の神髄であることから、企画・提案から設計・活動などプラン目的にかかわらず、プランの大きな柱として位置づけることが求められる。

　第三は、地域へ波及する仕掛けをプラン化することである。園芸福祉の活動は、最初は小さな花壇や空き地から始まったとしても、仲間が増え、活動の多様化とともに範囲が拡大し、まちづくりまで広がっていく可能性をもっている。私たちがめざす園芸福祉の活動は、花好きの同好会ではなく、社会運動のひとつである。限定した仲間が幸せになることを出発点としても、面的な広がりをもった地域を意識し、将来的に地域の人々が活動に参加し幸せを享受することまでを考えてプランを作成したい。

　実践における活動プランづくりでは、場所やテーマ、予算等さまざまな制約がかかってくる場合が殆どである。初級園芸福祉士の方々には、その制約を守りながら、ひとりでも多くの人が幸せを感じる園芸福祉活動プランをつくっていただきたい。　　　　　　　　　　　（粕谷芳則）

1 地域から始める園芸福祉活動——(3)

各地で進められている園芸福祉活動例

実践を通してリーダーとなるノウハウをつちかう

　障がいの有無や年代・性別を問わず参加できる園芸福祉の活動で、最も重視しているのは実践である。初級園芸福祉士養成講座は、20時間という限られた時間で園芸福祉活動の基礎的な知識やノウハウを修得する。しかし、活動の領域は地域のさまざまな分野に及んでいる。

　認定された人たちは多彩な分野に就業し、趣味や生活スタイルが違うこともあり、実際の活動を進めるにあたっては、不足している知識やノウハウがあるのは当然である。そこで、仲間と一緒に活動することによって足りない点を補い、実践者としての資質を高め、リーダーとしての役割を担ってもらうことをめざしている。

　2003年の資格制度導入以降、3000名近い初級園芸福祉士が誕生、全国46都道府県で活動を始めているが、自身のこれまでの活動に仲間を募ったり、講座開催団体や地元自治体と連携しながら多彩な活動が展開されている。

　そうした活動は地元のマスコミにも大きく取り上げられるようになってきている。

第3章　コミュニティづくりに生かす

遊休地を交流の場に(兵庫県)　　　　　　　サッカークラブの農園活動(福島県)

地域のさまざまな資源を活用して実践の場をつくる

　活動の場所としては、高齢者に関連した施設、公民館や福祉会館などの市民用施設周辺の花壇や施設、障がい者・医療関連の施設、農地や農園、保育園・幼稚園・小中高などの学校といった教育施設、公園や道路、農地や休耕地・空き地などの遊休地など地域のさまざまな場を活用している。

　活動の形態も高齢者や障がい者・医療関連の施設で利用者や入所者と一緒に「花壇や農園での交流・クラフトづくり」、地域のさまざまな場所で草花を中心とした「花壇・公園交流」、保育園の園児や小・中・高の生徒などとの「世代間交流」、農地で農作業を中心とした活動の「農地・農園交流」、施設以外で高齢者と活動する「生涯現役支援」、地域の人を対象にクラフトづくり交流など多彩である。

　具体的な活動事例として次頁に例をあげたが、これらの活動は日本園芸福祉普及協会が毎年開催している初級園芸福祉士実践事例発表会での発表テーマである。地域の特性に合わせて多彩な活動が展開されていることがうかがえる。次頁の活動事例は『園芸福祉実践の現場から』(日本園芸福祉普及協会編、創森社)で詳しく紹介している。　　(大野新司)

109

地域	活動団体	タイトル
福島県	野の花ガーデン	地域住民の心のよりどころに ガーデニングによる園芸福祉
	寿泉堂香久山病院	心の解放と癒しをめざして 介護療養型医療施設からの報告
	ハナカツミ園芸福祉の会	世代間交流にも一役 子どもたちと楽しむトウモロコシ栽培
		すばらしいチームワークを育む ジュニアサッカークラブの農園活動
		『古今和歌集』にも記された花「ハナカツミ」による地域づくり
新潟県	ハーブランドシーズン	新しい農業のかたち みんな元気になあれ！
	園芸福祉にいがた	「どんな具合ですか」助け合って交流を深める
	ホテルグリーンプラザ上越	みんながもってるよ！ みどりのゆび Green Fingers Project
	畑や かとうふぁーむ	つくるだけの「農」から楽しむための「農」をめざして
	みどりデザイン研究所	花を媒体に ハートコミュニケーションの実践
群馬県	ぐんま園芸福祉の会	カリフォルニアポピーでお花畑と健康づくり
		園芸活動を通じて癒しと心身の健康を
		花や植物とともに楽しく暮らし、うつ病を解消する
	群馬県立藤岡北高校	「目で食べる、おやつの３時」群馬の森・ユニバーサル花壇制作実習
栃木県	エム・グリーンデザイン	園芸・農芸・樹芸を軸にした「園芸福祉の里」をめざして
	グリーンハーモニー	仲間の笑顔を支えに共に働き、共に地域をつくる
埼玉県	NPO法人 土と風の舎	こえどファームへようこそ！ 楽農やスローライフを実践
	埼玉県園芸福祉研究会	精神科デイケアでの実践 園芸プログラムでメンタルケア
千葉県	千葉県子ども会育成連合会	子ども会活動の一環として体験農園活動の実践
	NPO支援センターちば	市民や行政、諸団体が手をとりあって自ら参加する福祉を
東京都	東京農業大学園芸福祉研究会	デイホーム上北沢における園芸福祉活動を通して
	（株）花の企画社	ビジネスモデルの確立をめざして「ふれあい花壇」の取り組み
	練馬区環境まちづくり事業本部	福祉連携花化でつなぐ しあわせの輪
	ミニデイ「わき・あい・あい鷹番」	自宅を開放してスタート 地域に根ざした園芸福祉活動
静岡県	ヒラオカ楽農園	園芸福祉を軸にした市民農園でネットワークづくり
	NPO法人箱根園芸福祉の森	癒しと就労の場に 心身にやさしい森づくり
	NPO法人 しずおかユニバーサル園芸ネットワーク	病院・養護学校の集まる地域をコミュニティガーデンに
		何事にも挑戦 障がい者の農業就労を支援
		農業と福祉を結ぶ静岡県におけるジョブコーチの実践
長野県	花工房福祉会「エコーンファミリー」	花壇づくり交流がスタート 知的障がい者施設における園芸福祉活動
	長野県園芸福祉研究会	緑が持つ力を実感 ヨーロッパの園芸福祉事情を視察して
	駒ケ根花と緑と水の会	次代を背負う子どもたちと丹精込めて故郷づくり
		できることから始めよう 美しい故郷の創造をめざして
岐阜県	NPO法人 岐阜県園芸福祉協会	県が窓口となりバックアップ NPO法人として始動
		つくる楽しさ、育てる喜び 初級園芸福祉士としての活動
		花フェスタで福祉花壇づくり チャレンジャーの自立支援を
		引きこもり、要介護予防を旗印に花の活動で巣立ちの種をまく

第3章　コミュニティづくりに生かす

岐阜県	NPO法人　岐阜県園芸福祉協会	サポーター仲間とサークルを設立　情報交換や連携がスムーズに
愛知県	園芸福祉の会ブルーボネット	フラワーアレンジメントで「笑顔の花」を増やすために
		たからの持ちぐされはもったいない　動かそう、体の動くところ、どこでも
		自分たちの街を区の花でいっぱいに　子ども会の種まき大作戦
三重県	名張市園芸福祉農園芸グループ	だれもが生き生きと輝いて暮らす「福祉の理想郷」を実現するために
	園芸福祉ボランティアグループ「フラワー」	園芸福祉による支え合いで　美しく住みよい街づくりをめざす
滋賀県	NPO法人　滋賀の園芸福祉研究会	花づくりグループの連携から　園芸福祉の導入、普及へ
	(株)アイズケア	介護施設で園芸福祉の環境づくり　創造から発信へ
福井県	ふくいの園芸福祉研究会	花・野菜・果物にかかわり　みんなで幸せになることを求めて
京都府	花と緑の会	人的ネットワークを広げて　市民参加型の街づくり
	(財)大津市公園緑地協会	あらゆる緑の空間を利用して　コミュニティガーデンを創出
	桂坂花の輪の会	地域とつながる　ふれあいコミュニティガーデン
大阪府	梶原ピッコロ保育園	保育活動に園芸を導入する　梶原ピッコロ保育園の取り組み
	NPO法人 たかつき 街かどデイハウス「晴耕雨読会」	収穫の喜びがきっかけに　デイサービスで園芸福祉
	(株)美交工業	NPO法人とコラボレーション　民間企業が取り組む園芸福祉活動
	幸せ園芸クラブ	きれいな花をありがとう　感謝の言葉を生き甲斐に
	寝屋川市立すばる・北斗福祉作業所	通所授産施設における園芸福祉の実践で　生活の意欲・力を強める
	NPO法人　たかつき	「やってみたい」の声が聞けた！　K病院精神科デイケアでの実践から
兵庫県	宝塚園芸福祉協会	植木の町からの発信　女性グループの挑戦
岡山県	三井造船生活協同組合	自分も楽しく、みんなも楽しく!!　できることから始める園芸福祉
	おかやま園芸福祉ネットワーク	すべては養成講座から始まった!!　仲間たちと継続をした園芸福祉普及活動
	かとう内科並木通り診療所	園芸福祉ボランティアによる診療所での取り組み
	岡山旭東病院	「医療と園芸福祉」をめぐる病院の新しい取り組み
広島県	JA福山市高齢者福祉センター	デイサービスの農園における農学＆福祉体験の取り組み
	広島原爆養護ホーム　神田山やすらぎ園	四季折々の園芸活動による特別養護施設入園者の健康
	厚生連吉田総合病院	精神科での1年間の園芸福祉活動を振り返って
	桜尾ガルテン～加計土居農園～	農園での都市住民との交流で地域が元気に
島根県	邑南町役場産業振興課	香木の森研修制度と園芸福祉ボランティアグループの取り組み
	香木の森クラフト館	自然いっぱいの暮らしを求めて　「香木の森」と仲間たち
福岡県	古賀市緑のまちづくりの会	園芸福祉庭園の開設により　花・緑に携わるネットワークづくりへ
	花の仲間たち	病む人の気持ち、家族の気持ちで九州がんセンターにての癒しの庭づくり
	園芸福祉ふくおかネット	樹齢100年の夫婦桜を守る市民緑地づくり
		アジアに向けて発信　園芸福祉で韓国交流の旅
		地域の短期大学と連携　学生が園芸福祉体験
熊本県	医療法人　ましき会益城病院	植物の生育にかかわる効果　精神科病院における園芸療法

2 園芸福祉は「人と地域」をつなぐ——(1)

市民農園と園芸福祉

市民農園の形態と定義

　数多くの人々が集い、それぞれに区分けされた土地で野菜や花を育て楽しんでいる「市民農園」は、ヨーロッパでは都市生活に根づいているが、わが国にも1970年ころから生まれ、全国各地に普及してきた。そして1995年ころからは、中山間地域や農村に「クラインガルテン」と呼ばれる小屋付きの市民農園がつくられ始めた。この市民農園は、現在では、「毎日あるいは毎週通って自由に栽培利用している日常型」、「年に何回か訪れ、宿泊できる小屋で過ごす滞在型」、そして「農家の指導のもとで作物および栽培方法を畝ごとにそろえる農業体験農園型」などさまざまな形態があり、立地分布も大都市から中山間地域までと広い。

　この市民農園の日本における定義を「市民農園整備促進法」および「特定農地貸付に関する農地法等の特例に関する法律」の2つの法律を基本にして整理すると、「主として都市の住民の利用に供される農地とこれに付帯して整備される市民農園施設の総体」であり、「一定の面積を持つ農地（耕作の目的に供される土地）を、10アール未満の小区画と通路に区分し、賃貸料または入園利用料を徴して、非営利的に利用させているもの」となる。なお近年は、当初は開発用地として法人等が取得

第3章　コミュニティづくりに生かす

アロットメント・ガーデン（ロンドン）　　　シュレーバーガルテンの展示区画（ドイツ）

した土地や雑種地、あるいは林地を使った市民農園開設がみられる。

　なお、市民農園の先進地であるヨーロッパでは、各国でのさまざまな形態の違いはあるが、基本的には、都市の中に存在する。なお、広がりを持つ農地（土地）を一定面積の分区に分割し、多くの市民等に利用区画を指定して有償で非営利的または公益的に利用させている、という分区園の形態は世界共通である。

　一方、日本とヨーロッパの市民農園の基本的な差異をみると、①利用土地が、日本では農地であるのに対しヨーロッパでは都市緑地（公有地が多い）である。②利用期間が、日本の市民農園では概ね5年以内であるのに対して、ヨーロッパのそれは長期間である。③農園の運営・管理が、日本では大半が開設者（農家・市町村・農協等）であるのに対して、ヨーロッパのそれは利用者団体である協会である。そして、それぞれの国の呼び方をみると、イギリスではアロットメント・ガーデン、ドイツがクラインガルテン、フランスがジャルディン・ファミリアル、オランダがフォルクスティン、スウェーデンがコロニー・トレゴード、アメリカがコミュニティ・ガーデン、台湾および日本が市民農園である。わが国でしばしば耳にするクラインガルテンは、ドイツ語の市民農園のことであり、英語ではアロットメント・ガーデンである。市民農園の姿は、区画内に小屋をもたない野菜栽培中心のものから、物置程度の小屋をも

つもの、区画の広さの1割以内の休憩できる小屋を有するもの等、各国各様である。そして国内組織は充実し、ヨーロッパにある国際組織も活発に動いている。その事務局はルクセンブルグにあり、国際組織の定款では市民農園の名称としてジャルデン・ファミリアル（Jardins Familiaux）が使われている。

市民農園の歩みと現状

市民農園の始まり

　市民農園の歴史はイギリスに始まる。産業革命前の囲い込み（エンクロージャー）が進んだ時期に、耕作地を失った貧しい農民が多く発生したが、これらの人々の生計を助けるために分区した土地を与えたことが始まりといわれている。その後1831年になると、造園家パクストンが有料菜園を提案し、1887年から1908年にかけて法律が制定・統合されて、イギリスの制度は整い発展していった。

　一方、この分区園をイギリスの農業技術とともに荘園に導入したドイツでは、1832年にライプツィッヒ市第1号のクラインガルテンを誕生させ、さらに、同市の医師シュレーバー博士が子供の健康のために提案したシュレーバーガルテンの概念を1865年に実現させ、今日のクラインガルテンの基礎を固めた。そして、1919年に市民待望の法律制定を実現している。このように、市民農園は誕生したときから「生活」や「健康」等の要素を含み、公共性が意識されて発展してきたが、概念を固めたドイツの取り組みはヨーロッパ各国に大きな影響を与え、市民農園をヨーロッパ全域に普及させていった。また、農園の運営・管理をおこなう農園利用者の組織が整えられていった。

　市民農園組織が各国に定着してくると、フランスを中心として国際化の動きが生まれ、1903年に初めての国際会議がパリで開催された。そして1926年には国際連盟が発足し、初代議長には同国のレミール神父が就い

第3章　コミュニティづくりに生かす

日本の代表的な日常型市民農園1区画は1辺が5m×6mの30㎡

市民農園の休憩所でランチタイムを過ごす人々　高齢の農園利用者には安心コミュニティ空間

た。それから68年後の1994年の第29回国際会議inウィーンに日本は初めて参加し、2005年の第34回国際会議inリヨンまで毎回参加している。

日本の市民農園の状況（歩みと現状）

日本に初めて市民農園が入ってきたのは1924年で、京都に開設された。それから、2年後には大阪に、7年後には東京にも開設され、増加していった。しかし、これらの第二次世界大戦以前のものは大戦の進行とともに消滅していった。戦後は「農地法」が制定され、農業者以外の耕作は原則として禁止されていたが、1968年に制定された「都市計画法」（現行法）による市街化区域と市街化調整区域の線引きの動きとともに、都市農地を守り活用する動きとして自発的に市民農園が生まれた。当初は農地法の関係で公には認められなかったが、農業者と市民と一部の自治体の取り組み努力により、全国各地に入園契約による入園利用方式として広がっていった。この動きを受けて1975年、農林水産省が局長通達を出して市民農園を公式に認めた。

さらに1989年になると、「特定農地貸付に関する農地法等の特例に関する法律」が制定され、市町村や農業協同組合を介した短期間（5年以内）の貸し付けが可能となり、1990年には議員立法で「市民農園整備促進法」が制定された。これとあわせて、農業者が開設する場合は、従来

115

どおりの入園利用方式（農林水産省は農園利用方式と呼んでいる）として1年未満の利用と整理された。この入園利用方式は、農業者の裁量によるため同一区画の長期間利用が可能となるので、作物栽培において土づくりや輪作の重要性を知り、農業に対する理解を深める効果は大きい。また、耕す人々の定着によりコミュニティ形成機能を大きく発揮する。

　その後、国の補助事業ができ、中山間地域の活性化と「ふるさと」を求める都市の人々の需要が結びつき、小屋付きの滞在型市民農園が「日本型クラインガルテン」として各地につくられている。また、2003年の構造改革特別区域法による農地法の規制緩和から企業等が市民農園を開設することが可能になるとともに、2005年には特区の全国展開として「特定農地貸付に関する農地法等の特例に関する法律」が改正され、従来の市町村および農業協同組合に加えて、農地所有者（農家等）、NPO法人、企業等が特定農地の貸し付けによる市民農園を開設できるようになった。現在の市民農園は、法律に基づくもの、法律には基づかないが市町村が事業等で開設を把握しているもの、農家等の農地所有者が独自に開設しているものがあるが、農地所有者が独自に開設しているものの把握は困難であり、かつて農林水産省統計情報部が調査していた法律に基づくもの、および法律には基づかないが市町村が把握しているものの合計数は1999年に6138カ所と公表された以降は明らかでない。そして、農林水産省農村振興局が把握する法律に基づく数値が毎年公表され、その数は2005年末で3124となっている。

市民農園のもつ福祉的機能

　その多くが都市およびその周辺地域に立地している市民農園は、さまざまな機能をもっている。まずは菜園として自給野菜や花を栽培する場であるとともに緑地保全空間であるが、自然的空間に接してリラクゼーションをおこなう余暇活動空間でもあり、農業を理解する教育的機能も

有している。また、多くの家族が集う市民農園は、世代を超えた人々の交流を実現するコミュニティ空間である。そして、シュレーバーガルテンの提唱のとおり、アウトドア活動による健康の維持増進効果は大きい。ドイツを訪問したときに、「お医者さんに行くとまず〝クラインガルテンを利用しているか〟と聞かれ、利用をすすめられる」としばしば聞かされたほどである。さらには、市民農園作業の軽度な運動によるリハビリテーション等の園芸療法にも活用でき、スウェーデンではプランター型区画や農具の改良等の取り組みが進んでいる。なお、大都市集中のわが国では「ふるさと」をもたない、あるいは失った人々が多く、滞在型の市民農園（日本型クラインガルテン）はふるさとを求める多くの人々にその夢を与えている。

園芸福祉の実践と市民農園

　園芸福祉の実践は一過性の活動ではない。腰を落ち着けて長い間取り組むのが一般的である。市民農園の機能を生活のなかで生かしながら、長い期間あるいは生涯を幸せに過ごしていくとすれば、その市民農園は長期間利用できるものが望ましい。また、安定した状況で園芸福祉効果を高めていくためには、特定された区画を長い間利用し続けていくことが望ましい。大地や植物とよいつきあいをしていくには、土づくりをおこないながら大地を知り、数多くの植物（花や野菜）やそれらの植物の関係を知り、長い期間にわたり健康な植物を栽培し続けられるようになることが望ましい。ヨーロッパの市民農園は生涯にわたって利用できるなど、利用期間は長い。そしてコミュニティ機能が重視されている。そのようなところから、市民農園にはフィランソロフィー（豊かな人間愛）があるといわれている。

　日本の市民農園の場合は、農地法がベースにあるため、長い期間の利用を制限している。とくに法律に基づくものは５年を限度とされ、１年

交代のもの、3年交代のものとさまざまである。これでは、市民農園の本来の機能が十分に発揮できない場合が多い。これに対して、農業者が入園利用契約による農園利用方式（入園利用方式）でおこなうものは、1年未満の入園利用を毎年更新し、結果的に長期利用できるので、土づくりと輪作を考えた作物によい市民農園づくりができる。また、長い期間の利用は、園主（開設者）と利用者の相互理解が深まり、お互いのパートナーシップのもとで、頼りがいのあるコミュニティをつくることができる。園芸福祉の実践の場として望ましい市民農園とは、園主の裁量のもとで利用者が農園の運営管理に積極的に参加し、利用者が永続的に利用しながら主体的に耕し、お互いのアイデアと熱意で支えあい発展させていくものである。

福祉時代における市民農園の展開

　経済活動的な面から効率的な運営の社会システムが求められている現代は、一方で近隣関係の希薄化や高齢化が進み、他方で生活行動や食生活の変化のなかで健康に問題を抱える人々も増えている。

　このような社会情勢のもとで、生活空間のなかに、高齢者も含めた人々の健康増進機能を有する日常的な運動の場、人々の爽やかな交流を深めて生活に安堵感を与える状況、人々の多様な欲求に応じた生産や学習活動等が存在し、生活の中に溶け込んだケアやリハビリテーションがおこなわれることが求められている。そして、市民農園の機能が複合的に発揮されている活動事例をみると、自然なかたちでそれらの要求を満たしている。

　これからの日本の市民農園は、欧米と同様に公益的機能が積極的に評価され、複合的福祉機能施設として活用され、都市地域の日常型市民農園から中山間地域の滞在型市民農園（日本型クラインガルテン）まで、その立地条件を生かした多様な展開がはかられるべきである。　　（廻谷義治）

2 園芸福祉は「人と地域」をつなぐ──(2)

グリーン・ツーリズムと園芸福祉

グリーン・ツーリズムの意義と可能性

　1990年代に入って、日本においてもグリーン・ツーリズムが注目されるようになった。西欧ではすでに1970年代から、「アグリ・ツーリズム」あるいは「ルーラル・ツーリズム」、北米や豪州では「エコ・ツーリズム」という呼称で親しまれ、農山村や国立公園等での自然体験や農業体験・農村滞在を楽しむ余暇活動が普及している。

　日本でグリーン・ツーリズムが広く知られるようになった背景には、グリーン・ツーリズム研究会中間報告「グリーン・ツーリズムの提唱─農山漁村で楽しむゆとりある休暇を─」（1992年7月）がある。そのなかでグリーン・ツーリズムは、次のように提唱・定義されている。
「農村と都市が相互に補完しあい、共生していくことにより、国土の均衡ある発展をめざすことを基本とし、農村地域における開かれた美しいむらづくりに向けた意欲と、都市住民の側に芽生えた新たな形での余暇活動や農村空間への憩いとに橋を架けるものとして、グリーン・ツーリズムを提唱する」

　このようにグリーン・ツーリズムとは、「緑豊かな農村地域において、その自然、文化、人々との交流を楽しむ、滞在型の余暇活動」であり、

それを通じて、農村で生活する人も農村を訪れる人も「最高のクオリティ・オブ・ライフ」を享受できるものとされている。それは、ひと言でいえば、「農村で楽しむゆとりある休暇」ということになる。
　グリーン・ツーリズムの提唱の背景には、先進諸国共通の課題としての農産物の生産過剰問題や、農業が引き起こす環境問題、過疎化・高齢化による経済的・社会的活性度の低下といった問題があった。そうした意味では、都市住民との交流を通した新たな農山漁村活性化の手法として、グリーン・ツーリズムが提起されたといえる。
　このように、グリーン・ツーリズムは農村地域サイドからの発想として提起されているが、その要因には都市住民側のニーズの高まりがある。
　英国のグリーン・ツーリズム研究の第一人者であるバーナード・レーン氏は、西欧におけるグリーン・ツーリズム発展への都市側の要因として、①都市住民の教育水準の上昇、②遺産や伝統に対する評価の高まり、③余暇時間の増加、④余暇情報の発達、⑤健康への関心の高まり、⑥食べ物へのこだわり、⑦新たな生活スタイルとしてのファッション性、⑧環境問題への関心の高まり、⑨本物志向、⑩高齢者の増加、⑪個人主義の浸透をあげている。
　すなわち、グリーン・ツーリズムは、都市住民の価値観やライフスタイルの変化を背景に、農山漁村の現状打開を都市・農村の対等な交流を通して実現するものとされているのである。
　農林水産省も1999年7月制定の「食料・農業・農村基本法」において、農業・農村の多面的機能を生かした活性化の必要性を主唱するに至っている。
　これまで、ともすれば食料の安定的・効率的生産の基盤整備を偏重する傾向があった日本の農政も、ようやく多面的な農業・農村政策への転換をはかる兆しが見えはじめており、グリーン・ツーリズムやクラインガルテンの普及もその重要な施策とされつつある。

「人間福祉主義」による都市と農村の共生

　グリーン・ツーリズムの目的は、前述のように農村地域の歴史・自然・文化を持続しつつ、経済的・社会的な活性化をはかり、農村側の主体的な取り組みによる都市と農村の新たな共生関係を構築することにある。

　そのための重要な振興課題として、①緑豊かな自然、美しい景観の保全と再生、②農村の多様な歴史的・文化的・社会的資源の保全と再生・活用、③農業を基幹とした多様な雇用機会の創造による農村経済全体の向上、④農家をはじめ農村住民が主体となった楽しみや感動をともなう実践があげられる。

　重要なことは、これまでのような工業開発や観光開発といった「産業開発主義」から脱却し、こうした農村振興を「人間福祉主義」に立って都市住民と農村住民との「共生」「協働」「交流」の理念でおこなうという視点である。

　グリーン・ツーリズムは、西欧では「もうひとつのツーリズム」、あるいは「持続可能なツーリズム」と呼ばれるが、これは単なる「農村観光振興」ではなく、人間的な交流を通した新しい都市と農村の関係性の構築をめざしていることを示している。

　その意味で注目されるのが大分県安心院町の実践である。安心院町では、1996年に「安心院町グリーン・ツーリズム研究会」を設立し、「心のせんたく」をテーマに、質の高い農村文化を生かしつつ、都市生活者と農村住民との心の通った対等な交流活動を多面的に展開している。

　なかでも安心院町独自の「農村民泊」方式は、会員制の宿泊方式として定着し、常時受け入れ農家11戸、諸行事時の受け入れ農家10戸の体制で、多世代にわたり全国各地からの宿泊者を受け入れている（写真）。

　とくに2000年度と翌2001年度に実施された大分商業高校2年生全員の宿泊体験は、「キレる世代」といわれる多感な子供たちにこそ、人生経

大分県安心院町の農村民泊＝舟板昔ばなしの家　　大分商業高校生の農村体験

験豊富な熟年世代の豊かな人間性が必要であることをみごとに証明した。

　安心院町にはこうした若い世代に限らず、多世代にわたるリピーターが数多くみられる。その理由は飾らない農家の方々の人間性や自然あふれる景観、そんな豊かな農村の暮らしが、日ごろストレスの多い生活に悩む都市生活者にとって、貴重な「癒し」の妙薬となっていることにあると思われる。

　近年の農業・農村の多面的機能論は、ともすれば水田の治水機能や洪水防止機能といったハード面の機能に着眼される傾向が強いが、「農」の多元的な営みを通して、都市住民が人間性や人間的関係性を回復するといったソフト面の機能に目を広げる必要があろう。

人間性回復に向けた実践

　グリーン・ツーリズムは豊かな自然環境や伝統文化、そして人間味あふれる地域社会を訪れて、心身ともにリフレッシュする「癒しの旅」であるという理解もみられるようになった。

　農村で自然豊かな暮らしを営んでいる人々の生活の場が、都市生活者にとって「心の豊かさ」や人間性を回復する貴重な空間となり、都市住民との交流が、農村住民にとって、農村生活の多面的な価値を再発見する機会となるだろう。

岩手県遠野市での「炭焼き体験」が契機で首都圏から遠野市に移住した早川利麻子さんは、遠野の人々の魅力が、「現代文明に浸りきった軟弱な都市の人間にない重み」にあるという。遠野におけるグリーン・ツーリズム実践の主体も、「まぶりっと（守り人）衆」と呼ばれる熟年高齢者世代であり、元気な女性たちである。

　近代化政策で断ち切られた都市と農村の絆を新たに紡ぎ直す実践が求められている。グリーン・ツーリズムが単なる観光事業と異なるのが、こうした「農」のオルタナティブを構築する「もうひとつのツーリズム」としての意味にある。

　その基本的な命題は、人と命と心、そして環境を素材とした都市・農村住民双方による「感動創造物語」の創出にあろう。ドイツの社会学者マックス・ウエーバーは、「革命は辺境から起こる」という有名な言葉を残しているが、戦後の効率性重視の経済政策によってそぎ落とされた「辺境」の地で起こりつつある、小さな、しかし確かな人間性回復へ向けた実践の重みを、いまこそ多くの人々が共有すべきと思う。

「農」の多面的価値と「人間福祉」

　佐藤豊道氏の「福祉実践」の体系によれば、福祉実践の最広義として「最広義の人間福祉実践」が位置づけられ、その下に「広義の社会福祉実践」と「広義の人間福祉実践」に分けられる（図）。

　ここでは園芸福祉を「多様な園芸活動すなわち農的な営みを通して、広く人々の生命・生活の安定・充足を実現するもの」と理解したい。

　そうした視点に立って「農」の多面的価値に接近すれば、クラインガルテンは都市住民による「農のある暮らし」への直接的な関与といえるし、グリーン・ツーリズムは「農」的ライフスタイルの多元的実現をめざす都市・農村住民双方の新たな自己実現活動ともいえよう。

　高齢化や過疎化、第1次産業の衰退といった農山漁村の「条件不利性」

図　「福祉実践」の体系

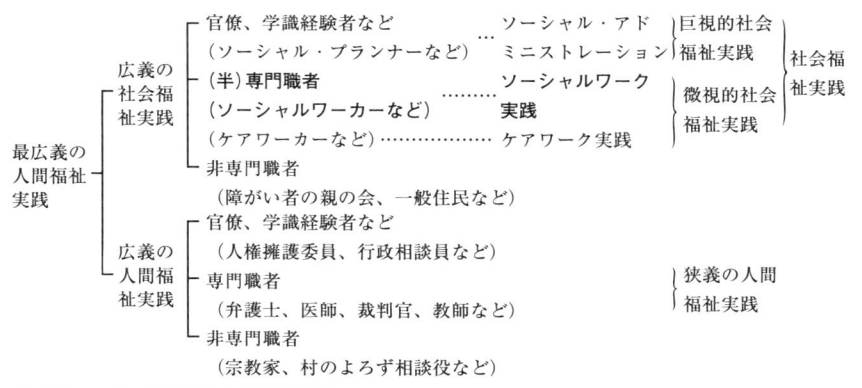

```
                    ┌ 官僚、学識経験者など ……… ソーシャル・アド ┐巨視的社会
                    │ （ソーシャル・プランナーなど）  ミニストレーション│福祉実践      ┐社会福
            ┌広義の │ (半)専門職者 ……………… ソーシャルワーク  │              │祉実践
            │社会福 │ （ソーシャルワーカーなど）      実践         ├微視的社会    │
            │祉実践 │ （ケアワーカーなど）………… ケアワーク実践   │福祉実践      ┘
最広義の    │      └ 非専門職者
人間福祉  ─┤          （障がい者の親の会、一般住民など）
実践        │      ┌ 官僚、学識経験者など
            │      │ （人権擁護委員、行政相談員など）
            └広義の │ 専門職者                                       ┐狭義の人間
              人間福│ （弁護士、医師、裁判官、教師など）             │福祉実践
              祉実践│ 非専門職者                                     ┘
                    └ （宗教家、村のよろず相談役など）
```

※ゴチックは、「狭義の社会福祉実践」
注）佐藤豊道『ジェネラリスト・ソーシャルワーク研究』（川島書店、2001年）から転載

は、都市で一見「豊かな生活」を享受しているかにみえる生活者にとって、新たな自己実現や「真の豊かさ」を実感できるライフスタイルを具現化する「条件有利性」ともなりうることを各地の実践が明らかにしている。

　全国各地で起こりつつある「感動創造物語」に目を配れば、農村や農業、そして農民が主体となる「人間福祉実践」が、不均衡発展の結果としての「社会的ハンディキャップ（都市との格差）」とみられるものに起源を有するという逆説が成り立っているように思える。

「都市のエネルギーを農村へ、農村の命を都市へ」──これは熊本県小国町で毎年開講されている「九州ツーリズム大学」の基本モチーフであるが、都市と農村の相補的関係の構築が、それぞれの「人間福祉実践」の前提条件とされている。

　多様な人々による多元的な「農」を介した対等で継続的な確かな交流。これこそが21世紀においてめざすべき人間福祉主義への、しなやかでかつ着実な接近手法といえよう。

（青木辰司）

2 園芸福祉は「人と地域」をつなぐ——(3)

欧州のケアファームに学ぶ

　本稿では、ヨーロッパにおける『健康のための農Farming for Health』ワークショップにおける、Jan Hassink（ワーゲニンゲン大学研究センター国際作物研究所）とMajken Van Dijk（ワーゲニンゲン大学研究センター動物科学グループ）の論文を参考にしている。日本語翻訳については、鮫島信行氏（農林水産省中国四国農政局長・2007年3月現在）のご好意によるものである。

　このオランダ、ワーゲニンゲン大学におけるワークショップの成果は全22編の論文から成っている。8編のテーマ研究論文と13編のカントリーケース・スタディおよび1編の結論をレポートしている。以下のホームページを検索すると全編を閲覧できるほか、著書の購入も可能である（http://library.wur.nl/frontis/farming_for_health/toc.html）。

　ここでは、その一部を引用している。

増加をたどるケアファーム

　オランダとベルギーのケアファームの数はこの数年劇的に増加している。その他の諸国でも、以下のような観点から、ケアファームの数が今後、相当数増えることが期待できよう。

表1　ケアファームおよび関係農家

	1998年	2000年	2001年	2003年	2004年
ケアファーム数	75	214	323	372	432
ケアファーム計画策定農家数	13	49	55	53	28
ケアファーム希望農家数	0	114	110	141	119

「オランダにおける健康のための農」ワーゲニンゲン大学研究センター国際作物研究所

ケアファーム、園芸療法、アニマルセラピーの統合

　健康のための農という概念のもと、さまざまなネットワークが新たな動きを見せ始めている。

　①都市内の緑地（シティファーム、コミュニティガーデン、市民農園）と都市周辺の緑地（ケアファーム、自然区域）とのリンク。②ケア施設における園芸療法のような正式なグリーン療法とケア施設とは直接的な関係はもたないが、当事者の福利厚生につながるようなグリーンケアとのリンク。③グリーンおよび農業ネットワークのヘルスケアおよび都市農村ネットワークへの内包。

　こうした動きは、各国におけるグリーン療法、ケアファーム、ガーデニングが多くの対象者に適切な日常活動、療法・滞在場所を提供していることと平仄(ひょうそく)を得ている。コミュニティガーデンおよびシティファームにおける作業療法の最初の試みは成功をみた。農業を含む緑環境は健康に対し、ストレスや集中疲労からの回復、運動や社会的交流の促進、児童の最適発達、自己開発意欲と目的意識の獲得等いろいろなかたちで寄与できる（Gezondheidsraad 2004）。健康に対し自然がプラスに作用するメカニズムはこれまで示したすべての緑環境のなかで機能できる。農業とケアのようにさまざまな目的と専門性をともなった異分野の統合、ヨーロッパ諸国における健康のための農の取り組みの進展、この新たな分野における広範な経験の積み重ね、そして健康促進メカニズム解明のために必要な概念と用語の統一の必要性を考えるとき、ヨーロッパにお

けるネットワークの構築は喫緊の課題となっている（研究及び政策課題に関する2005年3月会合勧告）。

ケアファームの形態と対象

　90年代の主たる対象は知的障がい者と精神障がい者であった。しかし最近ではその他の層が増えつつある。高齢者、麻薬常用者、燃え尽き症候群の人、ニート、子供、引きこもり、ホームレス、社会や職場への復帰プログラム参加者などである。ケアファームを予防的に利用する新しい動きもあり、管理職者のための啓発コースを提供している農業者もいる。

　多くのケアファームは異種の対象者を引き受けている。その利点のひとつは複数の財政支援を受けられる可能性があることであり、もうひとつは障がい者が補完しあえることである。表2は対象層ごとの受け入れファームの数である。ただしこれはあくまでも受け入れ可能という区分で、知的障がい者と精神障がい者の両方を受け入れ可能としていても、

表2　対象グループ別受け入れ可能ケアファーム

	2001年	2003年	2004年
知的障がい者	238	271	301
精神障がい者	103	118	156
犯罪経験者	33	30	28
麻薬経験者	43	40	48
身体障がい者	43	55	75
要養護者	12	13	18
若年者	42	42	62
認知症高齢者	31	39	42
高齢者	−	−	32
ニート	28	32	63
燃えつき症候群患者	27	35	68
自閉症患者	−	11	61
政治亡命者	7	6	7
学習障がい者	−	−	42
非先天性脳障がい者	−	−	21

表3　ケアファームにおける活動

	2003年	2004年
豚	133	109
牛	185	199
家きん	195	205
羊	154	173
山羊	144	158
小動物	205	196
耕作	90	92
園芸	174	195
果樹	72	80
自然保全	66	69
キャンプ	34	36
森林保全	49	50
レクリエーション	−	18

実際には知的障がい者だけが作業しているという場合もある。ケアファームの受け入れ数は1人から40人というように幅があり、なかには週50人が作業しているところもある。とくにケア施設付属ファームの受け入れ数は多く、農作業や農園での活動が提供されている。ケアファームで作業または居住している患者数は、現時点で約8000人となっている。

多様な活動と目標

90年代のケアファームは有機栽培が多かったが、近年は普通栽培が増えている。ケアファームの作業のなかでは家禽、牛、小家畜の世話がもっとも普通だが、園芸も多い。レクリエーション、自然・森林保全活動をおこなっている例もある（表3）。

ほとんどのファームでは通常の日作業（90%）と作業訓練の場が提供されており、3割では障がい者用の作業スペースも併設されている。宿泊可能なファームも2割ある。参加者は作業を通じて自己の能力を確認し、さらにステップアップをめざすか、内面的には精神の安定や自己反省力を取り戻すといった内面的回復をはかるか、精神力や挑戦意欲を高めるといった個々の目標を設定することになる。

約15年前に日本に園芸療法が紹介され、1995年には現代用語として園芸療法は記載され、文字どおり市民権を得た。ヨーロッパとりわけオランダのレポートから推察されるように、これまで、日本においては園芸療法に関する情報の輸入は主にアメリカやカナダからであった。欧米の潮流を俯瞰すると、療法としての園芸・園芸療法から生活福祉、環境福祉といった広がりを見せ、日本でも欧米でも園芸福祉活動が定着してきた。

保健・医療・福祉・環境・雇用・教育といった社会的課題を包括的に取り扱うことの必要性と、園芸福祉活動の社会的ニーズは、日本のみならず欧米においても新しい段階に入ったことがうかがえる。　　（吉長成恭）

2 園芸福祉は「人と地域」をつなぐ——(4)

農業高校が NPO法人を設立して

生徒の夢を叶えるために

「この法人は園芸を通し、健全な身体を培い、豊かな心をはぐくみ、幸せになりたいと考える人たちに対して、園芸福祉に関する事業を行い、もって地域社会への福祉の推進に寄与することを目的とする。」

これは三重県立相可高等学校・生産経済科の生徒が中心となって設立した特定非営利活動法人「植える美ing」の目的である。福祉を英語でいうと「well-being」となる。その言葉に、花や野菜を育てることにより美しい環境を築きたいというわれわれの思いを込めて「植える美ing」と名づけた。

今から10年前、高齢者施設のために花壇をつくったのが相可高校での園芸福祉の始まりだった。そのときの皆の笑顔から、植物がもつ不思議な力を感じ、その力を福祉に役立て農業と福祉のつながりを深めようと園芸福祉に取り組んだのである。

当時、われわれは園芸を学んだ生徒が卒業後にその経験を生かす機会が少ないことに悩んでいた。また、農業を知らない生徒が生産経済科に入学することも多く、彼らに農業に興味をもってもらえる活動はないかと考えていた。そんななか、出合ったのが園芸療法。さまざまな社会生

活から生まれるストレスや、高齢化する社会のなか、身近な「癒し」を求める手段がメディアで多く紹介されていた。園芸療法もそのひとつだった。われわれはそこに農業教育の新領域の可能性を見いだしたのである。そして高校でも実践できる「園芸福祉」という活動に取り組みはじめた。

地域での実践そして普及に向けて

「相手の命の輝きを知り、自分の人間性を高めよう」「花や野菜を育てみんなで幸せになろう」を合言葉に、地域の方々に調査をおこない、まず、高齢者施設に車椅子でも作業ができるレイズドベッドや、手づくりの花壇などをつくった。これは運動効果を高め、また、四季折々の花を植えることにより心が癒される効果を狙ったものである。われわれはその施設を拠点にお年寄りに合わせたさまざまな園芸道具の改良や製作など、園芸福祉の研究・活動に取り組んでいる。

相可高校総合農場では、7つの原則（公平性・自由度・単純性・わかりやすさ・安全性・省体力・スペースの確保）を考慮したハウスや周辺整備に取り組み、ユニバーサルデザイン化された農園づくりをおこない、地域の福祉施設や各種学校等と連携して活動を進めている。

これらの活動から

① 相手の目線で作業や話をする（心の目線も同じにする）。
② 花、ハーブの作業は使い方を間違わなければ効果が高い。
③ 屋外での作業は刺激が多い。
④ 個人に合った作業や方法を考える。

以上の留意点を確認するだけでなく、高校生でも無理なく活動できる作業プログラムを完成させることができた。対象者のアンケートや聞き取り調査でもこの作業プログラムは高い評価を受け、継続した活動の必

第3章 コミュニティづくりに生かす

保育園での園芸福祉活動　　　　　　　　高齢者施設での園芸福祉活動

要性を感じている。

　これらの活動が認められ、「第2回園芸福祉全国大会in長崎」「園芸福祉シンポジウムin名古屋」等での発表をおこなった。しかし、地域での情報発信の基地としての役割を果たすためにも地域での発表会の重要性を再認識し、相可高校農業クラブが主催、生徒自らが立案・準備・運営をおこなう発表会「園芸福祉フォーラムby相可高校」を開催することにした。このフォーラムには園芸福祉普及協会をはじめ多気町、多気町社会福祉協議会、多気町教育委員会にも後援をいただいた。

　フォーラムの当日には園芸関係者や福祉関係者など多くの人に来場していただき、生徒による事例発表、吉長成恭先生による記念講演、さらに生徒がコーディネーターとなり、日頃研究のご協力をいただいている介護老人保健施設の方や多気町内の保育所の方などをパネリストに迎え、地域への園芸福祉の普及をテーマにしたディスカッションをおこなった。

　このフォーラムで、植物のもたらすさまざまな効果や園芸福祉の認知度を高めることができた。また、初級園芸福祉士の資格に関する理解や導入についても高い関心を得ることができるなど、地域への園芸福祉の普及に向けた目的が達成できたと考えられている。

　園芸福祉の実践や発表会の開催など多くの成果があった。しかし、高

名古屋シンポジウムで活動成果を発表（2005年）　　授業導入の初級園芸福祉士養成講座の修了発表（2006年）

校生によるボランティア活動には資金不足や活動範囲の制限など、一部の活動において支障が出ることがあった。また、経営方法や組織運営に関する課題も出てきた。そこで、農業経営や起業をめざす生徒に、現代の経営環境に対応できる力をつけさせたいと感じ、NPO法人の設立を決意した。

　NPO法人の設立に向け、生徒22名と教員2名による設立メンバーの結成、団体の目的、目標達成のためにおこなうべき活動等を明確にした。設立総会により、定款の承認や役員の選出などの審議をおこない、「特定非営利活動法人植える美ing」の設立を満場一致で可決した。

　役員7名のうち、理事長、副理事長など5人が相可高校・生産経済科の生徒で、三重県下初の高校生主体のNPO法人の誕生です。高校生としての枠を超え、より有意義な地域づくりを目標に活動の幅を広げるため、2年がかりで実現となったのである。

　園芸福祉の活動を通し、高校生によるNPO法人設立というひとつの目標を達成することができた。しかし、法人格の取得は活動するうえでの手段であり、目的ではない。大切なのは活動内容である。今までの成果を基本にこれからも調査・研究を継続し、すべての人が幸せになれるような活動を生徒とともに展開していきたい。

（新谷和昭）

第4章

植物をよく知り活用しよう

初級園芸福祉士養成講座のモデルガーデンづくりの実習風景

1 園芸福祉にかかわる植物の種類と育て方──（1）

五感をひらく植物の効果

いのちをはぐくむ自然の流れ

　現代社会の人工的な環境が取り巻くなかで超高速な生活リズムに慣れてしまうと、知らず知らずに人間本来の感覚が鈍ってきてしまう。本来命をはぐくむ自然の流れはもっとゆったりとしており、人もそのサイクルのなかで生きてきたはずである。流行や競争、効率性、経済性ばかりを追い求めて自然や植物から遠ざかってしまうと、身体のほうが変調をきたし、心の病につながってしまうのも否めない。

　また、何に対してもあまり感動しない、感じない、やる気が起きないといった無関心や無気力、人の心を感じる力の弱い人も増えている。そんな鈍った感覚を取り戻してくれるのが植物の大きな力であり、ゆっくり私たちの感性を刺激し続けていく。ときには自然界の厳しさや植物の強さに触れ、たくましさを身につけることもできるだろう。

　五感のどれかにハンディがあったとしても他の感覚、機能で植物を楽しみ、農園芸活動をおこなうことは十分可能である。ひとりでは無理でもみんなでいれば補い合うことができる。それが園芸福祉活動へとつながる。この植物の力を治療に役立たせると園芸療法へと発展していく。

第4章 植物をよく知り活用しよう

世代間交流と子供の情操教育としての園芸活動（福島県）

精神科治療の一環としての園芸活動（埼玉県）

五感をひらき、こころをひらく

　見たり、聞いたり、触れたり、嗅いだり、味わったりした情報を絶え間なく脳細胞に伝えているのが感覚神経である。外界からの刺激の窓口になっているのが、感覚受容器（目・耳・鼻・皮膚・舌）である。感覚受容器はそれぞれ好みの刺激があって、それを適当刺激といい、この適当刺激の発生源と感覚受容器との距離を投射距離という。外界からの刺激情報は、それぞれの感覚受容器へ入力され、感覚神経が上向性に大脳皮質（中枢）に届けるのが感覚である。逆に中枢から下向性に指令を末梢に伝えるのが運動神経である。

　視覚や聴覚が電波などの電気的刺激によって、情報を得ることができるため、投射距離を伸ばすことが可能となった。嗅覚にとって適当刺激は化学的刺激である。触覚は、圧という物理的刺激によって知覚できる。車椅子利用の人が、地面に直接触れなくても床や路面の性状を感知できるのは、この特徴によるものである。園芸福祉の庭をデザインする場合には、レンガ敷き、ウッドデッキ、芝生、ダークチップなど多様な路面を用いるのは、多様な刺激を与え触覚をひらくことに貢献する。

　味覚は、明るい食卓、盛り付け、よい香り、歯ごたえ、そしてその

ヒトの大脳における五感の局在

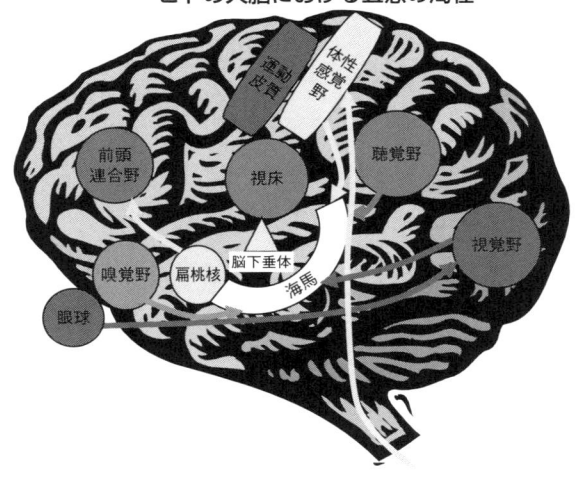

(図中ラベル：運動野、体性感覚野、前頭連合野、視床、聴覚野、嗅覚野、扁桃核、脳下垂体、海馬、視覚野、眼球)

　音・色や形状など五臓六腑にしみわたる〝おいしい〟という結論は、すべての感覚を統合した結果である。みんなで一緒に楽しく食卓を囲むことや幼児期の味覚体験、食育などが味覚の発達や満足度に影響を及ぼす。他の感覚がひとりでいても十分堪能できる感覚であるのに対し、味覚は社会的影響を受けやすい感覚である。この意味で味覚は社会的感覚である（ダイアン・アッカーマン『感覚の博物誌』）。

　ヒト脳は1.2〜1.5kgで体重の約2〜2.5%を占めている。その数、千数百億個ともいわれる神経細胞（ニューロン）がネットワークをつくって機能している。情報（刺激）は、速いもので約430km/秒の速度で伝達される。五感の中枢である後頭葉の視覚野、側頭葉の聴覚野、前頭葉の嗅覚野、皮膚からの触覚や痛覚、温度覚など頭頂葉の体性感覚野に感覚刺激は伝達され、さらに情報は側頭葉の短期記憶を担う海馬という部位に伝達される。海馬の先にある扁桃核は感情をつかさどる部位で、脳の真ん中に位置する間脳の視床やたった4g程度の大きさで自律神経やホルモン系、性機能の中枢である視床下部（脳下垂体）からの影響を受け

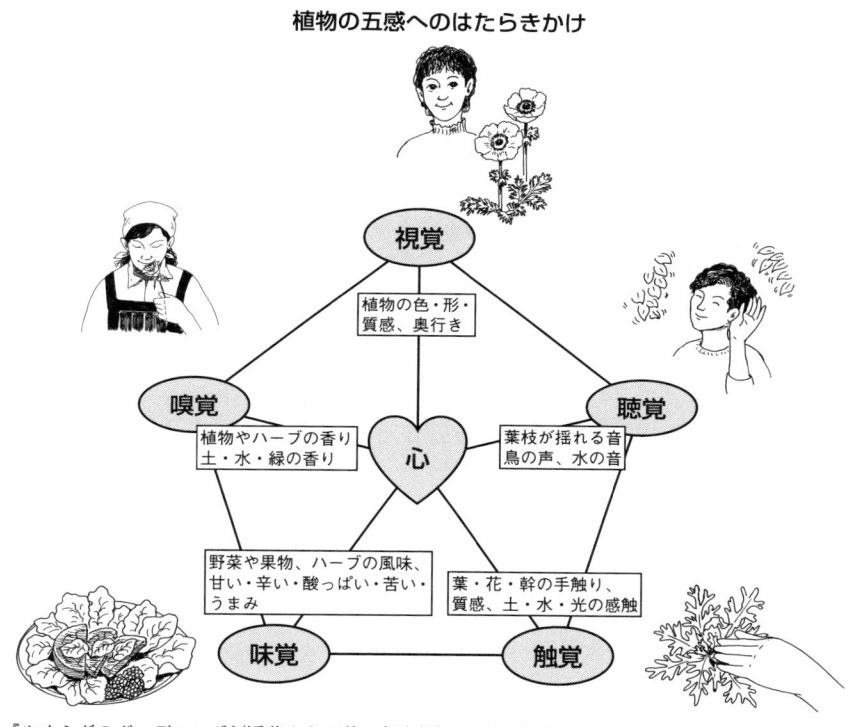

第4章　植物をよく知り活用しよう

植物の五感へのはたらきかけ

- 視覚：植物の色・形・質感、奥行き
- 嗅覚：植物やハーブの香り、土・水・緑の香り
- 聴覚：葉枝が揺れる音、鳥の声、水の音
- 味覚：野菜や果物、ハーブの風味、甘い・辛い・酸っぱい・苦い・うまみ
- 触覚：葉・花・幹の手触り、質感、土・水・光の感触
- 心

『やすらぎのガーデニング』（近藤まなみ著、創森社）をもとに作成

る。さらにそこから前頭連合野に神経ネットワークがある。前頭連合野は、大脳皮質面積の約25％を占め、やる気の脳つまり創造性の中枢ともいえる。創造性は、感情や意欲、知性のバランスから養われる。

　自然の厳しさと優しさを体験しながら植物の生長にあわせて時間を共有することで、五感をひらき、感性を取り戻し、それが心の元気へとつながっていく。気力、体力、生きていく力が養われ、人の優しさを取り戻すきっかけになる。植物の声に耳を傾けると、五感がひらき、心をひらかせてくれる。植物の大きな力を私たちは忘れてはならない。

（近藤まなみ・吉長成恭）

1 園芸福祉にかかわる植物の種類と育て方――(2)

植物の種類と選び方の基本

植物の種類と選び方

　園芸福祉活動で用いる植物は、その目的や場所、栽培管理にかかわる人の技術や経験の度合い、植物の効用やその人の好みなどさまざまな条件や要因によって選択することができる。大切なのは多少の失敗はあってもやはり、植物を元気よく育てることであり、その過程や場面により多くの人たちにかかわってもらうことだ。それぞれの目的に合った植物を選ぶポイントを下記に示していくこととする。

　草花・鉢花

　花を利用する場合はたいへん多く、とくに人の心や精神的な内面に働きかける力が大きいが、実際に育てるとなると、植物の性質をよく理解していなくてはならない。個々の種類の細かい解説は一般の園芸書にゆだねるとして、ここでは代表的な種類を用途に応じて紹介していく（次頁表参照）。

　ハーブ

　ハーブとは生活に役立つ植物の総称だが、香りに特徴をもつものが多い。アロマテラピーの効果も考えながら、作業に取り入れると香りの効用が生かされる。

第4章　植物をよく知り活用しよう

草花・鉢花の代表的な種類

用　途　分　類	主な植物の種類	
・育てやすい はじめから失敗するとやる気がなくなるので、初心者や苦手な人には簡単に育つ種類から始めよう。	マリーゴールド、サルビア、コスモス、デージー、アサガオ、ヒマワリ、ミント類、ナスタチウム、チューリップ、ムスカリ、クロッカス	
・ドライフラワーになる 利用することを考えながら植物を選ぶのも楽しいひとときである。	センニチコウ、カイザイク、スターチス、カスミソウ、ヤロー、ニゲラ、ラグラス、コバンソウ、ラベンダー	
・日陰でも育つ 日当たりの悪い場所でもあきらめないで、シェードガーデンには日本らしい植物もたくさんある。	インパチェンス、ミヤコワスレ、ツルニチニチソウ、アジュガ、ギボウシ、ホタルブクロ、シュウカイドウ、クリスマスローズ、ヤブラン、ユキノシタなど	
・草木染めに使える あわせて紙の材料となるミツマタ(三椏)やコウゾ(楮)、ケナフに挑戦するのもよい。	ベニバナ、ダイヤーズカモミール、アイ、ヨモギ、マリーゴールド、パンジー、クチナシ、タマネギなど	
・這う、垂れ下がるもの 寄せ植えにはいろんな形状の組み合わせが必要。またテラスやハンギング材料に適する。	アイビー、クリーピングローズマリー、ツルニチニチソウ、サフィニア、バラ、マツバギク、シバザクラ、クレマチス	
・感触に特徴のあるもの 五感のなかで視覚にハンディがある場合でも植物やガーデニングは他の感覚を使って楽しむことができる。また子供たちには見るだけでなく触って感じたり、発見することも大切である。	ラムズイヤー、ダイティーミラー、ヘリクリサム、ラグラス、ネコジャラシ、ススキ、ペペロニア、ポピーなど	

ヨーロッパ原産のハーブは乾燥を好むものが多く、ラベンダーやローズマリーなど日本の高温多湿の夏を苦手とするものが多い。もともと日本古来からある野菜や野草のなかにも日本のハーブはたくさんあり、高齢者にとっては、ヨーロッパのハーブよりなじみのある香りとして受け入れやすい場合があるので、うまく組み合わせながら取り入れたい。

　ハーブのなかには、口にしてはいけないもの、妊婦には注意が必要なものなどもあるので、薬効については素人判断では絶対におこなわないこと。事故につながるおそれがあるので、厳しく守っていただきたい。

ハーブの代表的な種類

用途分類	主な種類
日本のハーブ 日本のハーブミックスとして代表されるのは七草がゆ。春の七草は消化促進、食欲増進効果をもつ日本のハーブが行事のなかで利用されているのである。	シソ、ミョウガ、ショウガ、ワケギ、ゴマ、ミツバ、ヨモギ、ワサビ、サンショウ、ゴギョウ、ハコベラ、ホトケノザ、スズナ、スズシロ、セリ、ナズナなど
薬草・薬木	ドクダミ、アロエ、クチナシ、ハトムギ、ヨモギ、ナンテン、ゲンノショウコ、サフラン、ニンニク、メグスリノキ、ウメ、ザクロなど
リラックス効果のある香り	ラベンダー、カモミール、マジョラム、センテッドゼラニウム、ローズ、ベルガモット、ジャスミン、クラリーセージなど
リフレッシュ効果のある香り	ローズマリー、ペパーミント、レモンバーム、ユーカリ、レモンバーベナ、レモングラス、タイム、バジルなど
ティーに利用できる	ミント、ラベンダー、カモミール、レモンバーム、レモンバーベナ、レモングラス、マローなど
料理に使える	セージ、タイム、マジョラム、ローズマリー、バジル、オレガノ、フェンネルなど

具体的な品種については、危険・注意植物の項（160頁参照）で述べる。
　その他ハーブの利用には手足浴を含めたお風呂や、マッサージ、クリームや石けん、クラフトや染色など幅広い活用ができる。

野菜・果樹
　食べることへの関心はほとんどの人が興味を示す対象であることから、それを栽培することは植物を育てることのきっかけづくりとなる。栽培したものを収穫する楽しみをイベントにし、収穫物を使っての料理や、加工（漬物、ジャム、ジュースなど）にまでつなげてほしい。
　あまり手間のかからないイモ類、カボチャや短期間で収穫できる葉菜類、長期間の収穫ができるキュウリやナス、実のつき方が子供の教育にもつながるミニトマトやピーマン、オクラ、イチゴ、短期間で結果がすぐわかるスプラウト（もやし）やハツカダイコンなど参加者や場所に合わせ、連作などにも気をつけながら作物を選択する。
　栽培も基本的には、有機栽培の無農薬にチャレンジしてみることから始め、コンパニオンプランツ（143頁参照）や生物農法などをうまく取り入れたい。
　果樹については、実がなるまでに年数のかかるもの、雌雄異株のものなど、性質もいろいろあり、その土地の気候風土に合ったものを地元の人などに相談して植えつけるとよい。果樹や樹木は一度植えると簡単には移動できないので、植える場所はよく検討する必要がある。長く残るものなので何かの記念樹やオーナー制度的に活用していくアイデアもおもしろい。収穫して食べることばかりでなく、ヒメリンゴや柿、果樹を仕立てるエスパリエ（壁面に好みの形に誘引する方法）などのように実のなる木を風景としても活用してほしい。
　寒冷地向き：リンゴ、ブルーベリーなどのベリー類、柿など。
　温暖地向き：キウイ、ブドウ、柿、ザクロ、カリン、ミカン、レモンなど。

樹　木

樹木は草花にはない大きさや存在感を表現してくれる植物。子供たちに見上げるほどの大きさや、抱えきれない太さの幹を使って植物を体験させることもときには必要である。また、新緑の美しさは命の芽吹きであり、その生命力から、私たちは力や癒しをもらうことができる。

病室の窓から緑が見える患者さんと、そうでない患者さんの痛みの感じ方や違いは明らかで、投薬量に差が出てくるといったデータがあり、治りの早さにも差が出てくるともいわれている。また、木陰、緑陰の効果も、疲れたときのリフレッシュには最適である。

最近は色彩豊富なコニファーなどいろいろな種類が手に入りやすくなっているので、ガーデンのポイントとしてもうまくデザインに取り入れていただきたい。

樹木の代表的な種類

用途分類	主な種類
香りが強い	キンモクセイ、ギンモクセイ、ジンチョウゲ、クチナシ、アカシア、フジ、モクレン、ロウバイなど
実がなる	フウセンカズラ、ムラサキシキブ、センリョウ、ピラカンサ、ヒイラギナンテン、ノイバラ、ハマナス、ウメモドキなど
小鳥が集まる	モッコク、マユミ、コブシ、モチノキ、エゴノキ、ヤブコウジ、ガマズミ、ツバキ、ヤマモモなど
紅葉・黄葉が楽しめる	メタセコイア、モミジ、ドウダンツツジ、ハナミズキ、ナナカマド、イチョウ、シラカバなど
生長の早い木	ゴールドクレスト、フィリフェラオーレア、ユキヤナギ、クチナシ、ツツジ、カナメモチなど

観葉植物・多肉植物・山野草

室内園芸に欠かせないのが観葉植物や多肉植物である。太陽光の量に制限のある室内では生育できる植物も限られてくるが、観葉植物は室内光でも十分に生育できるものが多い。そのため外出できない人の室内や

病院内などでも作業は可能になる。

　繁殖に関しても、挿し芽が容易にできるポトスやコリウス、グリーンネックレス、アイビー、フィットニア、プレクトランサスなどがあり、ランナー（地面をはうようにして生長する茎や枝）で殖えるオリヅルランなどもおもしろい。葉の色が美しいものが多く、多肉植物などは感触を楽しむのにも活用できる。

　山野草に関しては、もともと日本に自生しているものであるから、自生地の気候条件に合わせた栽培が基本である。昔からなじみのものであるので、高齢者には受け入れられやすい。

　また、日本の季節感が感じられる植物でもあり、可憐なものが多いので、繊細さややさしさを感じることができ、人々の心にふれることができるチャンスが多い。従来の侘び寂の世界ばかりでなく、現代風にガーデニングのなかに取り入れながら、子供たちや一般の方々にもその心を感じていただきたい。

　山野草のなかには自生しているはずのものが最近めっきり減り、環境省の『レッドデータブック』に掲載されているものも少なくない。フクジュソウやサギソウなど、園芸福祉の現場でこれらを栽培することで、自生地を守っていったり、また新たに殖やしていったりすることは、とても意味のある活動となる。

コンパニオンプランツ

　コンパニオンプランツとは共栄作物といって、一緒に植えたり、混植することによってお互いに影響し合う植物の組み合わせのこと。たとえばハーブのカモミールは「植物のお医者さん」と呼ばれるように、弱った植物のそばに植えると元気になる。マリーゴールドは地中のセンチュウ駆除でも有名である。そのほかハーブでは、ローズマリーとセージ、タイムとローズ、ガーリックなどは一緒に植えるとお互いの香りを高める作用がある。また、受粉のために虫を寄せつけたり、逆に害虫を寄せ

コンパニオンプランツの主な例

作物	相性がよい作物	有益な花やハーブ	相性が悪い作物
アスパラガス	トマト、パセリ	バジル、マリーゴールド	
イチゴ	ネギ、ホウレンソウ、レタス、マメ	タイム、ボリジ	キャベツ
エンドウ	カブ、キュウリ、トウモロコシ、ニンジン	ラディッシュ、マメ類	チャイブ、ミント
タマネギ、ニンニク	カボチャ	トウモロコシ、メロン	キンセンカ、マリーゴールド
キャベツ	インゲン、エダマメ、キュウリ、ジャガイモ、セロリ、タマネギ、トマト、ホウレンソウ、レタス	セージ、ローズマリー、タイム、ペパーミント	イチゴ、ツルインゲン
キュウリ	インゲン、エダマメ、トウモロコシ、トマト、ラディッシュ	キンセンカ、マリーゴールド	セージ
ジャガイモ	エンドウ、キャベツ、マメ	キンレンカ、マリーゴールド	
セロリ	キャベツ、トマト、マメ	キンレンカ、チャイブ、ニンニク	
タマネギ	イチゴ、キャベツ、トウガラシ、トマト、ニンジン、ニンニク、レタス	カモミール	マメ
トマト	アスパラガス、キュウリ、セロリ、トウガラシ、ニンジン、ニンニク、ネギ	キンセンカ、チャイブ、バジル、マリーゴールド、ミント	ジャガイモ、トウモロコシ、フェンネル
トウガラシ	タマネギ、トマト、ナス、ニンジン、ネギ		
ナス	トウガラシ、ピーマン、マメ	マリーゴールド	
ニンジン	エンドウ、タマネギ、トウガラシ、トマト、マメ、ラディッシュ	コリアンダー、セージ、チャイブ、ローズマリー	ディル

参考 『楽しい園芸入門 野菜づくり』（池田書房）

つけない作用をもつ植物もある。

　薬と違って100％とはいかないまでも、農薬を使わない栽培方法の助けとなるので、うまく利用したい。ただし、相性の悪い組み合わせもあるので注意したい。

思い出の植物・おもしろい植物

　高齢者にとって昔懐かしい思い出の植物や、子供たちにとって遊びに使えるものや発見の大きいもの、形などのおもしろい植物は園芸福祉の場面でも活躍する素材である。導入やきっかけづくり、継続したプログラムにむけて楽しみながら栽培できるように組み合わせるとよい。

　思い出の植物・おもしろい植物：オジギソウ、コバンソウ、ルナリア、ジュズダマ、フウセンカズラ、ホオズキ、ツユクサ、オシロイバナ、タンポポ、ツクシ、マツヨイグサ、食虫植物、エアープランツ、春の七草、秋の七草など。

　　　　　　　　　　　　　　　　　　　　　　　　　（近藤まなみ）

1 園芸福祉にかかわる植物の種類と育て方——(3)

育てる場所の選び方と環境

栽培場所の選び方

屋外の場合

　屋外での作業は、太陽の日差しや自然の風を感じられるよい空間である。植物に限らず、自然の素材を十分に活用したプログラムを加えると、よりいっそう深みのある活動ができる。ただし、強すぎる光線や紫外線、強風や極度の寒さのなかで無理に作業をすることは禁物である。

　可能であれば大きな木や四阿(あずまや)などで日陰やちょっとした雨よけをつくるとよい。

　畑・花壇・庭——日当たりは一日のなかで、また季節によって変わってくるので、日照時間と日向、日陰の場所を確認しながら植物を選定し、デザインする。広すぎるスペースには適度に通路を設け、メンテナンスや維持管理が楽にできるよう工夫する。可能であれば通路に平板などを敷き詰めておくと雑草を抑えることもできるうえ、車いすでの移動も可能となる。トラクターなどの機械や大きな農具を使用する場合にはスペースを十分に確保すること。

　ベランダ、テラス、屋上——庭や畑がなくてもガーデニングスペースとして有効な場所であると同時に、最近では屋上ガーデンやベランダな

第4章 植物をよく知り活用しよう

屋上庭園（東京都）　　　　　　　畑での花壇づくり（群馬県）

どの緑化はヒートアイランド現象を緩和し、植物の蒸散作用により周辺の温度が低下するほか、断熱効果も高く、省エネにつながることが知られている。一方で重量制限や水の確保、排水の確認など限られた条件とスペースのなかで植物を育てなければならない。手軽にできるのはコンテナ栽培であるが、最近の屋上緑化技術はかなり進んできているので参考にするとよい。

　栽培環境としては、コンクリートなどの照り返しが強いこと、日当たりがよいこと、風が強いことがあげられ、コンテナは床に直接置かずに台やすのこなどの上に置くと照り返しの熱が避けられる。また壁面もうまく利用し、ハンギングなどを掛けると立体的な飾り花となる。

屋内の場合

　温室・ハウスなど植物を栽培するためにあるスペースと、サンルームや室内など生活空間の一部分を利用した場所とに分けられる。いずれも雨の心配がなく、雨天時の作業場としてもスケジュールを立てやすい。温室・ハウスではガーデニング専用の場所となるが、室内では生活空間となるため、土や水が室内に散らからないように作業には注意が必要である。

温度・湿度・光・水について

　植物の育て方のポイントは、温度・湿度・光（日照条件）・水・土壌・肥料・病害虫の管理である。個々の植物がもつ生育条件をよく理解して環境を整えていくことが、元気な植物を育てることにつながる。その植物の原産地を調べ、その土地の気候に合わせるようにすると失敗が少ない。

温度

　植物によって生育の適温がある。植物に特徴的な光合成のほか、呼吸や蒸散活動にも温度は影響する。また、挿し芽から根が出るための温度（発根温度）や、種まきしてから芽が出てある大きさまで生育するための温度（発芽温度）、開花時の適温や越冬するための適温は通常の生育温度とは違うので、それぞれのステージに合わせた温度管理が必要である。その時々に合った適温に近づけるため、もし、寒さに弱い植物なら、戸外では寒風を避けた軒下に植え、室内では鉢植えで管理する必要がある。また、暑さに弱い植物は、直射日光や西日を避け、風通しのよい涼しい木陰に植えなければならない。人工的に日よけをして涼しくしたり、ビニールで覆いをして保温をしたり、マルチで地温を上げるなどの作業も必要となる。生育適温には幅があるので、必ずしもその温度でないと枯れてしまうということではないが、栽培管理の目安となる。多くの植物の生育適温は15〜25℃の範囲にあるが、鉢やコンテナに植えてある場合は鉢の中の温度にも気を配る必要がある。種をまくときは袋の裏などに書かれている説明をよく読んでから、作業にとりかかるとよい。

湿度

　同じ温度でも湿度によって環境は大きく変わる。生育適温では光合成が活発になり、気温がそれより低いか高いときは衰えてくる。呼吸は温度が高くなるとエネルギーを消耗する。蒸散活動は植物自体が自分の体温調節をするために葉の気孔から水分を蒸発させるはたらきで、温度が

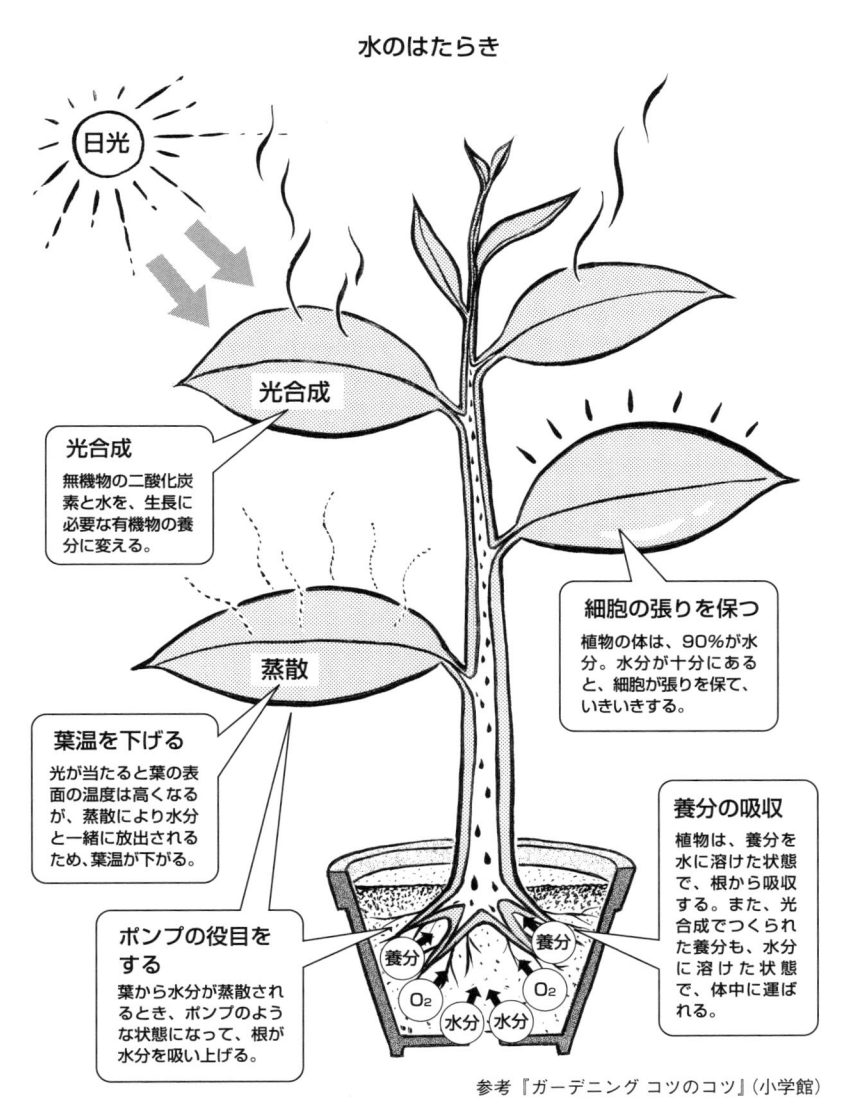

第4章　植物をよく知り活用しよう

水のはたらき

日光

光合成
無機物の二酸化炭素と水を、生長に必要な有機物の養分に変える。

光合成

蒸散

細胞の張りを保つ
植物の体は、90％が水分。水分が十分にあると、細胞が張りを保てて、いきいきする。

葉温を下げる
光が当たると葉の表面の温度は高くなるが、蒸散により水分と一緒に放出されるため、葉温が下がる。

養分の吸収
植物は、養分を水に溶けた状態で、根から吸収する。また、光合成でつくられた養分も、水分に溶けた状態で、体中に運ばれる。

ポンプの役目をする
葉から水分が蒸散されるとき、ポンプのような状態になって、根が水分を吸い上げる。

養分　養分　O_2　O_2　水分　水分

参考『ガーデニング コツのコツ』(小学館)
出典　『園芸福祉のすすめ』(日本園芸福祉普及協会編、創森社)より

上がると蒸散も盛んになる。

　真夏にコンクリートの上に直接置かれた鉢の中の温度が、40℃を軽く超えてしまうのを忘れてはならない。日本のように高温多湿の夏には、病虫害も多く発生しやすいし、梅雨時期にはカビや菌が広がりやすい環境になる。茂りすぎた株は適度に刈り込み、風が入りやすいようにしたり、高畝にして水はけや風通しのよい環境をつくるよう心がける。

　光

　植物にとって自分の栄養をつくる活動、光合成をおこなうのに不可欠なものである。植物によって要求する明るさの度合いと日照時間は異なるが、光がないと花が咲かなかったり、実がつかなかったりするものも多いので、生育に支障がない明るさを確認して場所を選ぶ。日長が開花に大きくかかわる植物もある。太陽の日の出から日没までの長さを日長といい、長い日長のときに開花する植物を長日植物といい、逆に秋分の日以降の日長の短い時に開花する植物を、短日植物と呼ぶ。日長の長短に影響されずに開花するものは中間性植物という。

　　短日植物：ポインセチア、キク、カランコエ、コスモスなど
　　長日植物：ペチュニア、カーネーション、ほうれん草、カブ、アブラナなど

　水

　植物が生きていくうえで欠かせない水。その与え方で植物の生育が大きく変わってしまうので、水やりのテクニックはきちんと身につけておきたい。具体的な方法は155頁で説明する。

　種類によって水分を多く必要とするものとそうでないものとがあり、たとえば乾燥地を原産とするサボテンや多肉植物は、植物自体に水分をたくわえておく機能が発達しているので、少ない水でも生きていける。

　また、エアープランツといって空気中の水分だけで生きていけるおもしろい植物もある。

（近藤まなみ）

1 園芸福祉にかかわる植物の種類と育て方――(4)

主な園芸作業と管理のポイント

園芸作業の基本

土づくり

植物を育てる土台となる重要な作業である。土の役割は命を支えるさまざまなはたらきをもっており、土の中に根を張った植物の体を固定し、水や養分や酸素を与えている。土のぬくもりや感触、においなどは園芸福祉の作業のなかで大切な要素であり、土を混ぜたり触れる感覚を味わってもらいたい。畑や庭などで育てるのか、容器やコンテナで育てるのかによって土の配合は異なるが、どちらにしても植物の栽培に適した土をつくらなくてはならない。その条件は以下のとおりである。

①ふかふかの土であること（有機物を含み団粒構造であること）
②通気性、排水性がよいこと
③保水性、保肥力があること
④適正な酸度pHと電気伝導度（肥料分の含有傾向）ECであること
⑤清潔で異物混入のないこと

種まき

小さな種から、小さな白い根や緑の芽を発見したときの感動はとても大きいものである。生命の誕生にかかわる、このうれしさを体験できる

植物の栽培に適した土

有機物を適度に含む	腐葉土などの有機物を含んでいる土は、団粒化したよい土である。
酸度がちょうどよい	多くの植物は中性〜弱酸性を好む。極端な酸性やアルカリ性は養分の吸収が悪い。
保肥性がよい	水やりのたびに肥料分が流出してしまうようでは肥料の効果がない。
通気性がよい	通気性が悪いと根が呼吸できず、根腐れしやすい。
保水性がよい	排水性が高すぎても、必要な水分が土の粒に保持されない。
排水性がよい	いつも土が湿っていると、根が呼吸できず、伸びも悪い。

土質のチェック

団粒構造の土

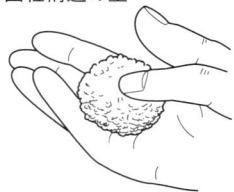

だんご状にしても、指先で軽く押すとすぐにくずれる

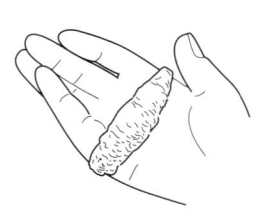

握ると完全にだんご状になるのは粘土質の土で、水はけが悪い

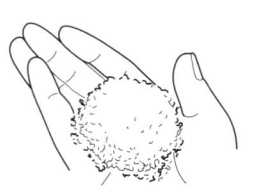

強く握ってもだんご状にならない土は、砂質で肥料分を含みにくい

参考 『はじめての土づくり』(中山草司著、日本文芸社)

使うのを避けたい土

ゴミの多い土
造成地や家屋を解体した後の土には、ガラス片や金属片が混ざっている

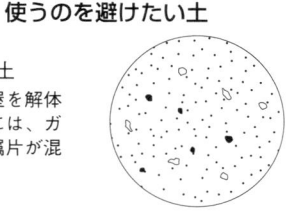

雑草の種が入っている土
庭土には雑草の種が混ざっている可能性が高い

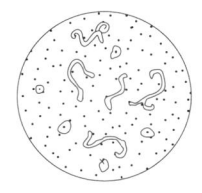

害虫やセンチュウのいる土
害虫やセンチュウの被害が出た土で連作すると、さらに被害が拡大する

菌におかされた土
病気の植物が生えていた土には病原菌が残っている

参考 『ガーデニング コツのコツ』(小学館)

第4章　植物をよく知り活用しよう

　種まきはいろいろな要素が含まれているので、その人に合った作業方法を見つけることが肝心。箱まき、直まき、筋まき、点まきなど植物の種類や種の大きさなどによって方法は異なる。手先が不自由であったり、細かい種子が見えにくい方には大きな種を選ぶようにするとよい。

　ガーデニング用品として販売されている〝ピートバン〟（水苔を主成分としたまき床。水で復元して使う）やプリンカップ、卵トレーなどを利用して種をまくのもおもしろい。種の性質上光があると発芽しない嫌光性の種類、光が当たらないと発芽しない好光性の種類があるので、それぞれに応じて覆土の方法を変える。

好光性種子	パンジー、ペチュニア、アゲラタム、キンギョソウ、ニンジン、アシタバ、ミツバ、レタスなど
嫌光性種子	ニゲラ、ケイトウ、チャイブ、ナス、ダイコン、カボチャ、トマトなど
大きい種子	ヒマワリ、朝顔、マリーゴールド、ナスタチウム、スイートピー、オシロイバナ、ダイコン、キャベツなど

種のまき方

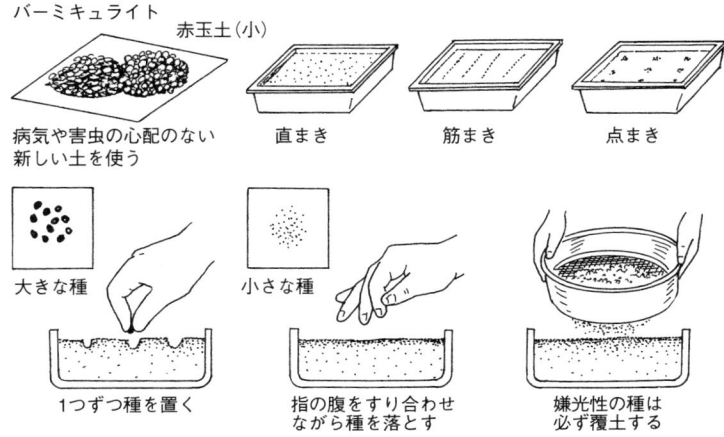

バーミキュライト　赤玉土(小)

病気や害虫の心配のない新しい土を使う　　直まき　　筋まき　　点まき

大きな種　　小さな種

1つずつ種を置く　　指の腹をすり合わせながら種を落とす　　嫌光性の種は必ず覆土する

出典　『やすらぎのガーデニング』（近藤まなみ著、創森社）

挿し木・挿し芽
　種から生長させるには時間がかかったり、種ができにくいものや、親と同じ性質を受け継ぎさせたいものなどには挿し木、挿し芽が向く。
　種より短時間で花が見られるうえ、発根しやすい種類（ミント、アイビー、コリウスなど）であれば、種まきよりもむしろ初心者には、挿し芽からのスタートがおすすめ。カッターやハサミなどを使うので、道具の工夫や注意を怠らないようにする。
　株分け
　株分けは大きくなった株を幾つかに分けて殖やす方法。指で株を割るので、握力や指の力が必要となる。土に直接触れることや、ふだんは土の中、容器の中で見えない根を見ることができるいい機会でもある。元気な根と病気の根を比べてみるのもおもしろい。
　球根
　球根は芽を出してある程度生育するための養分を自身の中にたくわえているもので、水と光と温度が整えば比較的簡単に生育する。
　水耕栽培でできる楽しみもあり、ペットボトルで容器をつくり、そこで栽培することもできる。
　間引き
　細かい種などはどうしても多くまきすぎてしまうので、込み入った苗を少し抜いて元気な苗をつくるためにおこなう作業が間引きである。
　ひょろひょろ伸びたものや、曲がっているもの、病気のものなどを中心に、隣同士の苗の葉がぶつからない程度に不必要な苗は抜いていく。菜っぱ類やハーブは間引いた苗をサラダや味噌汁の具にできる。
　鉢植え・定植
　種まきからではなく、苗を購入して、花壇や鉢に植える場合もけっこう多いが、その場合は鉢植えや定植の作業がその植物との対面式になるので、これから自分で管理し育てていくんだという意識づけ、動機づけ

第4章 植物をよく知り活用しよう

を工夫するとよい。

　容器を使う場合は、鉢の真ん中にきちんと植えられるかどうか、バランス感覚などを養うチャンスにもなる。

水やり

　水やりは欠かせない作業なのでしっかりマスターする必要がある。そのタイミングと量を間違えて、根腐れを起こしたり、枯れさせてしまったりといった経験も多いはず。

挿し穂の調整

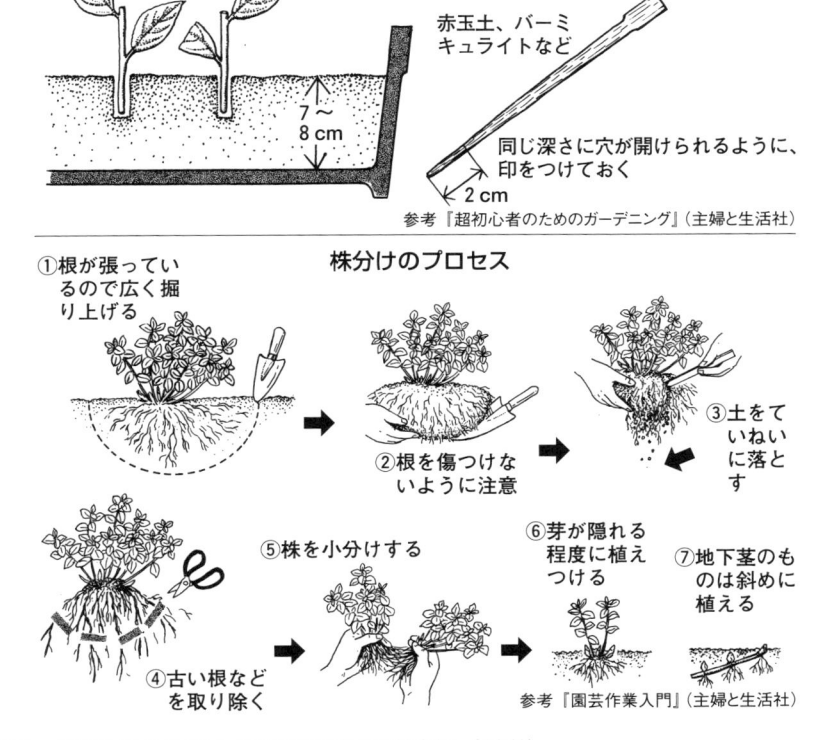

赤玉土、バーミキュライトなど

7〜8cm

同じ深さに穴が開けられるように、印をつけておく

2cm

参考『超初心者のためのガーデニング』（主婦と生活社）

株分けのプロセス

①根が張っているので広く掘り上げる

②根を傷つけないように注意

③土をていねいに落とす

④古い根などを取り除く

⑤株を小分けする

⑥芽が隠れる程度に植えつける

⑦地下茎のものは斜めに植える

参考『園芸作業入門』（主婦と生活社）

出典　『園芸福祉のすすめ』（日本園芸福祉普及協会編、創森社）

基本は「乾いたらたっぷりと」で、毎日何回とか、何日に一度といったことは、植物の種類や置かれている環境によって異なるので断言することはできない。植物と土の状況を見て判断することが第一。
　葉に水をかけて濡れたので、水をやったつもりでも土の中までしみていないことも多々ある。根元の土にしっかり、鉢の底から水が出てくるまでやる。そして一度やったら、次は土が乾くまではやらない。メリハリのある間隔が必要である。また、時間帯については、季節的な大きな違いがある。夏は朝晩の涼しい時間帯に、冬はお昼前後の暖かい時間帯に水やりする。
　ジョウロなどを使用するときには、大きさによって入る水の量が違うので、利用者の力を考えて重くなりすぎないように注意する。

肥料

　植物にとって肥料は食事のような存在である。土の中に植物に必要な栄養成分が足りないときには、肥料として補う必要がある。人間と同じで、生育が旺盛なときにはとくに十分な養分がいるが、休眠期には養分を吸収しないので多肥は害を及ぼす。もともと土に含まれている養分を確認しながら植物の肥料要求度によって与えるタイミングや時期、量や効き具合（即効性、緩効性、遅効性）、成分比率を使い分けるのがよい。肥料の三要素といわれる窒素（N）、リン酸（P）、カリ（K）を中心にカルシウム、マグネシウム、イオウなどの中量要素、そして微量要素としては、鉄、銅、亜鉛、ホウ素などがあげられる。どの成分も単独ではたらくのではなく、他の成分と協力することで自分の役割を果たすことができるので、バランスのよい施肥が必要となる。
　肥料の種類は大きく分けて有機質肥料と無機質肥料があり、それぞれ一長一短だが、前者のうち堆肥はそのつくり方もよい園芸福祉のプログラムとなるのでチャレンジしていただきたい。

収穫

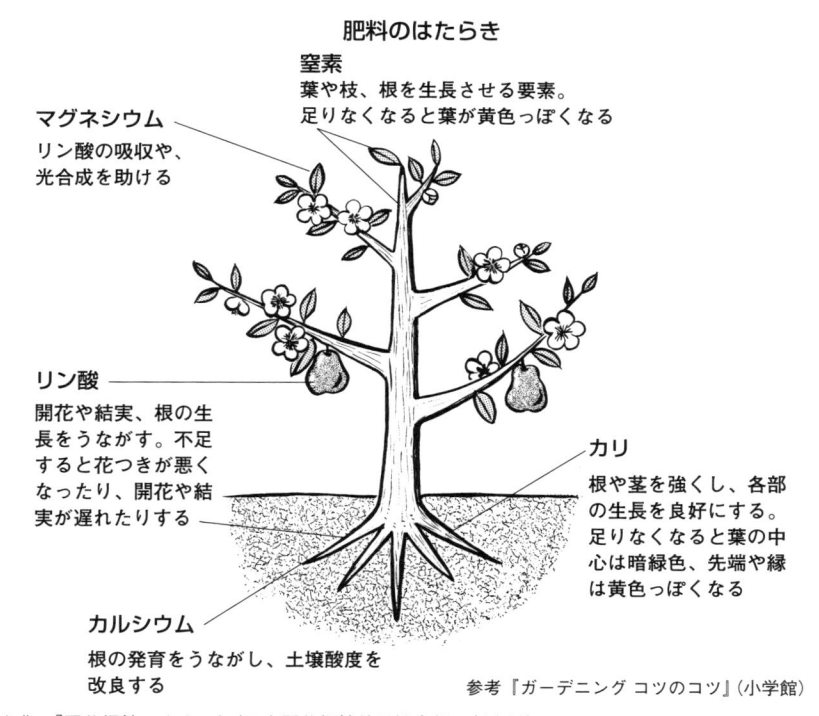

第4章　植物をよく知り活用しよう

肥料のはたらき

窒素
葉や枝、根を生長させる要素。
足りなくなると葉が黄色っぽくなる

マグネシウム
リン酸の吸収や、
光合成を助ける

リン酸
開花や結実、根の生
長をうながす。不足
すると花つきが悪く
なったり、開花や結
実が遅れたりする

カリ
根や茎を強くし、各部
の生長を良好にする。
足りなくなると葉の中
心は暗緑色、先端や縁
は黄色っぽくなる

カルシウム
根の発育をうながし、土壌酸度を
改良する

参考『ガーデニング コツのコツ』(小学館)

出典　『園芸福祉のすすめ』(日本園芸福祉普及協会編、創森社)

　ドライフラワー用の花や、野菜、ハーブ、果実の収穫は、自分で育てたものであればなおさら楽しく、うれしい作業である。旬の味と、取れたてのおいしさを実感できる。
　食べ物であればその後の料理講座に、ドライフラワーであればクラフトづくりにつなげて関連した作業を広げていくアイデアが考えられる。ハーブは収穫後におしゃれなティータイムを演出できる。

ハーブの収穫と加工

　ハーブを利用する場合、その利用部位によって収穫のタイミングが異なる。フレッシュで使用する場合は原則的には利用部位が元気に生育し

ていればいつでも収穫可能だが、乾燥させて保存する場合にはなるべくハーブの香りやその効果が最大になるよい時期を選んで収穫するのがよい。収穫は晴れた日の午前中、朝露が切れたころを見計らって取る。種類によっても多少違いがあるが、一般的に下記の時期を目安とする。

　花を収穫する……花が完全に開花する直前　カモミール、ローズ、ラベンダー、マロウなど
　葉を収穫する……花が開き始める時期（開花してからでは香りが薄くなる）　ミント、レモンバーム、タイム、セージ、オレガノなど
　根・根茎を収穫する……地上部が枯れた時期　ジンジャー、ダンデライオンなど
　種子・実を収穫する……完熟した時期　フェンネル、ディルなど

ドライハーブのつくり方

　多くのハーブを収穫する時期は日本では高温多湿の梅雨時期から夏にかけて集中するため、自然乾燥はなかなか難しい時期でもあるが、風通しのよい場所で陰干しし、短期間で乾かすのがポイントである。少量の場合は電子レンジにかけたり、ざるなどに薄く重ならないように並べ、そのまま湿度調整のない冷蔵庫に入れるのもよい。

　完全に乾いたら、密閉容器や密閉袋に入れ、ハーブ名と収穫年月日を記入したラベルをつけ、冷暗所で保存する。花は光が当たると褪色するので、とくに遮光性のある容器に入れるようにする。酸化や香りが飛ばないようになるべく葉や茎を大きいままで乾燥、保存し、使用するときに細かくカットするようにする。いずれにしても1年以内には使い切るようにして、次の年の収穫時期にまた新たなストックをつくるとよい。

（近藤まなみ）

1 園芸福祉にかかわる植物の種類と育て方──(5)

園芸作業の安全性確保のために

安心・安全な栽培法と配慮すべきこと

　2001年9月29日の『朝日新聞』に石川県の特別養護老人ホームで球根コルチカム（ユリ科イヌサフラン属。有毒成分のコルフィチンが含まれる）を食べて中毒死したという記事が掲載された。悲しいことだが、そのようなことが現実に起こるのである。

　球根を食べるだけではない。現実には、花や土までも食べてしまう人がいる。それは農薬がたっぷりとかかった、美しいという仮面をかぶった危険な花かもしれないし、化学肥料で地力がなくなった土かもしれない。ダイオキシンなどの有害物質に汚染された土かもしれない。そのような土から安心・安全な植物は生まれてこない。

　園芸福祉活動での使用植物については、有毒植物や危険な農薬がかかった花などの使用は避けなければならない。さらに有害物質に汚染されていない有機質用土の使用も重要なことである。そのためには、福祉や医療の知識とともに安心・安全な園芸知識が欠かせない。そして、植物の生産にかかわる業者や個人の認識と理解や協力も必要になる。

　野菜の無農薬有機栽培はよく知られているが、花栽培ではそこまでこだわっている人はまだまだ少ない。どこの園芸売り場を見ても有毒植物

や農薬がかかった花や観葉植物がたくさん並んでおり、園芸福祉活動で用いる場合、対象者や飾り場所、用途によっては、憂慮すべき事態になる可能性があるので、注意が必要である。花は観賞するだけではなく、食用や料理の飾りつけ、ハーブなどのように薬用や入浴に使用するなど用途が広い。とくに食卓の上、認知症の人の部屋、病人の枕元、子供机の上などに花を飾る場合も多いので、市販の植物を購入し利用する場合はその安全性を確認することが求められる。　　　　　　（前川良文）

主な危険・注意植物

植物には毒をもつものも少なくない。人によってはかぶれなどのアレルギー反応を引き起こすものがある。ふだんならなんでもなくても、病気や体が弱っていたり、子供やアルツハイマーの人、精神障がいの人などが予期せぬ行動をとった場合など、思わぬ事故につながりかねないので、細心の注意が必要である。

口にしてはいけない主な植物（毒をもつもの）	タンジー、ワームウッド、ピレスラム（除虫菊）、ジギタリス、トリカブト、スズラン、コルチカムの球根、西洋キョウチクトウ、トウゴマの種、イチイ、デルフィニウム、ランタナ、スイセンの球根、オモト、ダチュラ、クリスマスローズ、フクジュソウ、ヒガンバナなど
アレルギー、かぶれに注意する主な植物	ウルシ、ブタクサ、ハゼノキ、プリムラオブコニカ、プリムラ類、イラクサ、カクレミノ、キク、セロリ、ハナウド、ナツユキソウ、キンポウゲ科（アネモネ、クレマチス、クリスマスローズ、ラナンキュラス、オダマキなど）、サトイモ科の植物（ポトス、ディフェンバキア、アンスリウム、モンステラなど）、トウダイグサ科の植物（ポインセチア、ミルクブッシュ、ハツユキソウなど）など
とげのある植物	バラ、ラズベリー、ピラカンサ、アスパラガス、ボリジ、クレオメ、ヒイラギなど
妊婦の人は控えたほうがよい主なハーブ	ペパーミント、フェンネル、ローズマリー、バジル、クラリーセージ、マジョラムなど

資材・道具・服装の工夫

　ガーデニングの作業をするにあたっては、それなりの道具や服装にも工夫と配慮が必要である。
　まず、作業をするという意識づけと安全性の確保という面からも、服装は汚れてもよい、動きやすいものが原則である。帽子のほか手袋などもあったほうがよいが、感触を確かめてもらう作業では素手でおこなうようにする。ただし、アレルギーや皮膚の弱い人は例外である。
　道具に関しても既製のものをうまく使うことはもちろんであるが、少し手を加えた改良道具などを取り入れると楽に作業できる人が増える。市販の補助具もあるが、なかなかしっくりこない場合が多いので、その場、その人に合ったアイデアを工夫してもらいたい。

有機、無農薬栽培に向けて

　安全・安心なことは承知していても、いざ有機、無農薬栽培を徹底しようとすると、非常にコストがかかり、手間暇がかかる。しかし、手間暇をかけることはいろいろな人の手が加わることにもなるので、園芸福祉活動においてはそのプロセスをも楽しみながら有意義な活動にもつながる。

腐葉土づくり

　腐葉土とは落ち葉（主に広葉樹の葉）が堆積して、発酵した土のこと。保水かつ排水性がよく、通気性、保肥性があるが、肥料成分としては不十分で主に土壌改良の役目を担う。よい土の条件であるふかふかの土をつくるのに最適である。
　〈つくり方〉
① 落ち葉を集め、水をかけて少し湿らせる。クヌギ、ナラなどの落葉樹の葉が適す。
② 大きな穴を掘り、落ち葉と落ち葉の間に、発酵促進のために庭土と米

ぬかを薄くばらまいて、サンドイッチしながら積んでいく。
③月に一度程度かき混ぜて葉の形がなくなってぼろぼろになったら出来上がり。3カ月程度。
④土に穴を開けられない場合、厚手の丈夫なビニール袋やポリバケツなどを使ってもできるので、ベランダや屋上などでもつくることができ

腐養土のつくり方

1 酸素不足にならないようにポリ容器の底面と側面にドリルで穴を開ける

2 落ち葉に十分水をかけて、容器の底20cm程度の厚さになるまで入れ、足でしっかり踏む

3 熟成させるために粉状の油かすか米ぬかを一握りふりかける

4 2～3を容器いっぱいになるまで繰り返し、ふたをして1カ月おく

5 1カ月後に容器をひっくり返してよく混ぜ（切り返し）、再び容器にもどして熟成させる。完熟までに切り返しを2～3回する

6 葉の形がなくなってぼろぼろになったら出来上がり。

参考　『ガーデニング　コツのコツ』(小学館)

る。使用する容器には、水抜き用の穴と空気穴を数カ所開けておくこと。直射日光が当たらない場所に置き、1カ月経ったら新しい袋に入れ替える。

堆肥づくり

主原料の違いでチップ堆肥（剪定枝や枯れ木・枯れ枝を、砕いて細かいチップ状にし、発酵させた堆肥）やバーク堆肥（樹皮を加えて発酵させた堆肥）、牛糞堆肥といろいろな種類の堆肥があり、そのつくり方にもいろいろな方法がある。

①堆肥枠を使う
②コンポスターを使う
③EMぼかしを使う
④生ゴミ処理器を使う
⑤ペットボトルや牛乳パックを使う

いずれにしても発酵不足だとむしろ害になるので、しっかり熟成させてから使用する。

オーガニックな防害虫駆除

無農薬栽培をするためには植物そのものを元気に育てることが第一で、そのために環境や、土をしっかり整える必要がある。そのほかにも最近では害虫防除のいろいろな方法が紹介され、自然素材の活力・防除剤なども市販されているので、各自に合った方法を見つけ出してもらいたい。

- コンパニオンプランツ、バンカープランツ（作物を病害虫から守るための天敵を涵養してくれる作物）の利用
- 木酢液・酢・牛乳・石けん水の散布
- ニンニク・唐辛子・ハーブエキスの散布
- 銀紙・誘引シートの利用

（近藤まなみ）

2 モデルガーデンをつくって楽しむ──(1)

地域のみんなに楽しんでもらうために

デザインの考慮すべきポイント

　地域の景観・環境づくりの思想の根底には、ソーシャルキャピタル(社会資本)に基づく「地域の絆資本」で、緑を媒介にした人と人との豊かなコミュニケーションづくりの考え方が存在する。

　園芸福祉ガーデンにおいてユニバーサルデザインの設計手法、設計技術は、さまざまな対象者も利用でき、楽しむうえで重要なテクニックになる。そのガーデンのなかで楽しむ対象者の身体の特性や障がいの形態に合わせてサイズを考え、利用者が負担なく楽しめるデザインで、さまざまな人がコミュニケーションをはかれることを基本とする。楽しむ対象によって設備・植物を考察しながら、どんな人でも楽しめる園芸福祉ガーデンでの考慮すべきポイントは、

　①利用者のニーズを把握し、庭園に出る目的がはっきりわかること。
　②室内にこもりがちな利用者が庭に出やすくなるようにする。また、雨天・冬季に活動ができる場所設定も必要。
　③育てる責任感、世話をする楽しみ、達成感のある植栽計画を立てる。
　④足元の安全性、アレルギー、有毒植物に注意する。
　⑤ガーデンの長期的な管理計画を立て、メンテナンスがしやすいもの

第4章　植物をよく知り活用しよう

車椅子でも作業しやすい花壇（レイズドフラワーベッド）

車椅子からでも移動しやすく、座ったり寝転んだりできる芝生の椅子（レイズドローン）

　であること。
⑥建物に付随するという考えではなく、造園計画をしっかり立てる。
⑦障がい者のための特別なデザインが多すぎず、通常の庭園と変わりなく個々のニーズにさりげなく配慮されている。
⑧四季を感じ、五感を刺激するものを取り入れる。
⑨自然との共存が感じられるものにする。
⑩必要な資金の準備。
　以上のような点に配慮しながら、個々の技術的なデザインを考えてみよう。

個々の特徴と手法・技術

レイズドフラワーベッド（立ち上がり花壇）

　花壇を立ち上げることにより、車椅子の人や高齢者が作業しやすく、また誰もが触れたり、嗅いだり、腰かけたりできる花壇となり、福祉施設や高齢者施設の庭園では、利用者が使いやすい花壇として使用できる。
　車椅子の人や足の不自由な人も手軽に植物を植えて、楽しむことができるようにさまざまなレイズドフラワーベッドが増えている。花壇の高さや幅はどれくらいが適当か。実際に車椅子を使って検証してみると、

昔懐かしい手押しポンプとししおどしで癒しの効果を高める

庭園内の休息場所になる東屋。お茶を飲んだりお弁当を食べたりできる歓談の場でもある

思ったより作業が難しかったりすることがよくある。高さは、車椅子で正面から入る場合、車椅子で横から作業をする場合、花壇に座って作業する場合、背の高さなどさまざまな検討が必要である。また、幅についても同様な考え方で安全を考慮しながらの製作、設置が望まれる。

また、植物の排水性や通気性を高め、霜枯れ防止にもつながる点でも園芸福祉ガーデンにぜひ取り入れたいアイテムであろう。

レイズドローン（立ち上がり芝生）

芝生を立ち上げることで、車椅子から容易に芝生に移動し、直接芝生に触れることができる。芝生に寝転んだり、自然の風を感じることで癒しの効果も期待できる。

レイズドポンド（立ち上がり池）

庭園内の水の部分を、花壇のように立ち上げることで、誰もが水に親しめ、触れられるように配慮する。

水音は庭園に静かな落ち着きをもたらせてくれ、水生植物を植栽することでビオトープのような役割ももつ。

レイズドサンドベッド（立ち上がり砂場）

車椅子の児童にとって車椅子のままで砂遊びができ、障がいをもたない子供や大人とのコミュニケーションもとりやすい。

第4章　植物をよく知り活用しよう

＊写真はすべて下山クリニック「ふれあい」（東広島市）作庭監修・吉長成恭、1999年

舗道材の違う小道。素材の感触を楽しんだり、園内の現在場所がわかりやすい

園路に設けられた手すり。カーブの緩やかな安全な通路

　休息用ベンチや東屋など施設内に用意されていると園内での楽しみも広がってくる。利用中に休息をとることはもちろん、お茶やお昼を楽しむ姿も見受けられる。

安全な園路と動線計画

　庭園内で人々が安全で、安心して移動できるアクセシビリティ（到達容易度）は、とくに大切な要件になってくる。アクセシブルな園路のデザインは、車椅子やベビーカーでも安全な幅・傾斜を考え、エッジをなくした芝生と園路の一体化、違った種類の舗装材（素材）により、園内の警告と案内の伝達が可能となる。

　園路の手すりや視覚障がい者用の点字盤やトーキングサイン（視覚障がい者誘導システム）などは、自然の景観との一体化の中で設置したい。

　ここで述べた動線や基盤、資材にかかわる設計の基本技術のほかに英国園芸療法協会スライブのガーデンに見られるように、「センサリーガーデンデザイン」として、①色を楽しめるカラーガーデン、②芳香性植物を楽しめる香りのガーデン、③音の楽しめるガーデン、④形状・質感を楽しめるガーデン、⑤味覚を楽しめるガーデン、と五感を刺激してコミュニティをはかる庭づくりも考え、園芸福祉の効果を高めたい。

（高松雅子）

2 モデルガーデンをつくって楽しむ──(2)
対象者にあわせて配慮する①

車椅子利用の人たちと一緒に楽しむ

　車椅子の人と一緒に園芸福祉ガーデンを楽しむには、その庭園に出て行けるバリアフリーの環境が必要である。

　居住建物から出て、園内を安全で安心して移動できる動線確保、車椅子座位からの目線の位置を考慮しながら植栽していくレイズドフラワーベッド（立ち上がり花壇）などは、車椅子の人の園芸作業がしやすくなるデザインとして最適である。

ガーデン効果のポイント
- 外へ出やすくするためにアクセシビリティを考える。
- 車椅子対応がしやすい高さを考えたレイズドフラワーベッドの製作。
- 目線を考えた植栽で装飾的庭園を楽しむことができる。
- 園芸作業を通してコミュニケーションがとれる。
- レイズドフラワーベッドで、近くで見たり、触れたり、香りを嗅ぎやすくなり五感が刺激される。

配慮・注意すべき点
- 作業しやすい高さ、幅などの機能的サイズを考える。
- 車椅子での作業を可能にするために花壇近くに行ける園路の確保。
- レイズドフラワーベッド設計の安全性。
- 植物の生長を考えた植栽をする。

第4章 植物をよく知り活用しよう

外周を廻れるようにして、外側には背が低く触れたり香りのする植物を

車椅子での作業がしやすいように下部に空間をつくったレイズドフラワーベッド

	植 物 名	
中低木	ゴールドクレスト、シルバークレスト、エメラルドグリーン、西洋ヒイラギ、クジャクヒバ、ムラサキシキブ	
草花	春夏	ユリオプスデージー、キンギョソウ、バーベナ、アスター、ナデシコ、ポーチュラカ
	秋冬	パンジー、ガーデンシクラメン、センニチコウ、アリッサム
つる性	ヘデラ、ワイヤープランツ、アイビー、オウゴンニシキ	
香りの植物	カモマイル、レモンバーム、レモングラス、ミント系、ラベンダー、ユーカリ、サントリナ	

- 棘のあるもの・危険な植物、収穫できるもの・香りのするものの植栽の方法。

（高松雅子）

2 モデルガーデンをつくって楽しむ——(2)
対象者にあわせて配慮する②

ストレスを解消する

　現代社会のなかで私たちの生活はさまざまなストレスを受けている。ドクソン（1987）らによれば、温室園芸プログラムで仕事をした人は、訓練センター内で仕事をした人より、血圧・心拍・皮膚の電気的（発汗）反応を含む生理学上のストレスが少ないと報告されている。また、園芸作業をすることにより、うつ状態時の不安症も軽減され、心理的安定が期待できる。大きな自然のなかでの園芸は運動不足解消と気分転換も含めたストレス解消法といえよう。

ガーデン効果のポイント
- 植物に触れることで、自然との共存が感じられること。
- 色の使い方でリラックス感を与える（鎮静作用や元気が出るといわれる色の組み合わせ）。
- 香りで、ヒーリング効果のあるものを使用することで癒しの感覚。
- 収穫することで仲間とのコミュニケーションをはかれる。
- 植物を植えて育てる気持ちを高める。

配慮・注意すべき点
- 刺激的な色の配色は避ける。
- 植物に直接触ることができる植栽にする。
- 植物の安全性の確保。

第4章　植物をよく知り活用しよう

植物が身近に感じられる配慮やハーブなどで香りの効果も

派手な色は、なるべく使用せず、気持ちの落ち着く配色を

		植　物　名
中低木		ブルーアイス、ヨーロッパゴールド、ラインゴールド コキア、ユーカリ、オリーブ
色を考慮した草花	春夏	ブルーサルビア、アメリカンブルー、キンギョソウ、ブータンルリマツリ、アゲラタム、 マリーゴールド、エキザカム
	秋冬	リンドウ、ウィンターコスモス、パンジー ビオラ、アリッサム
つる性		クリーピングローズマリー、クリーピングタイム
香りの植物		ラベンダー、マージョラム、カモマイル、レモンタイム レモンバーベナ、マロー、ラムズイヤー、ミント

- 強い香りの植物の植栽に気をつける。
- 庭園内に休息場所を設置し、屋外に出やすい環境をつくる。

（高松雅子）

2 モデルガーデンをつくって楽しむ──(2)
対象者にあわせて配慮する③

視覚に障がいのある人たちと一緒に楽しむ

　視覚障がいをもっている人の80％は弱視ということから、色彩は考慮しないのではなくて、逆に、はっきりとわかるような色合わせを考えたいものである。

　聴覚障がいの人には色彩や、植物に触って受ける感触を強く感じられるものを取り合わせ、五感に作用する植物選定、設備等を考える必要がある。

ガーデン効果のポイント
- 植物による五感刺激（視覚・触覚・嗅覚・聴覚・味覚）。
- 庭に出て仲間と話をすることでコミュニケーションがとれる。
- 香りによるリフレッシュ・リラックス効果が得られる。
- 点字盤などにより、植物の知識・利用方法などが学習できる。
- 樹木にあつまる鳥や昆虫、風などで音を感じる。

配慮・注意すべき点
- 広いガーデンの中で、迷わないようにわかりやすいデザインにし、点字・音声での表示をする。
- 舗道の素材を考えて位置確認ができるようにする。
- 弱視の人にわかりやすいように色のはっきりした植栽を考える。
- 香りの植物の配置に気をつける。

第4章　植物をよく知り活用しよう

色合いを明確に分け、わかりやすい順路も考える

同じ植物はまとめて植え、葉の音や香り・触感なども配慮

	植　物　名	
中低木	月桂樹、レモンユーカリ、ゴールドクレスト、沈丁花、オリーブ、コキア	
色認識がしやすい草花	春夏	ナデシコ、ガーデンシクラメン、ベゴニア、ペチュニア、サルビア、キンギョソウ
	秋冬	ガーデンシクラメン、パンジー、ビオラ、ポインセチア
つる性	ヘデラ、ワイヤープランツ、リシマキア、ハートカズラ、クリーピングタイム	
香りの植物	ラベンダー、ミント類、ローズマリー、ペラルゴニウム、カレープラント、セージ類	
手触りの違う植物	ラムズイヤー、白妙菊、カロケファルス、モクビャッコウ、コリウス、ベアグラス	
音を感じる植物	タカノハススキ、ルナリア、コバンソウ	

- 手すり、スロープの整備をおこない、杖用に通路の端は一段高くする。

（高松雅子）

173

2 モデルガーデンをつくって楽しむ──(2)
対象者にあわせて配慮する④

高齢者の人たちと一緒に楽しむ

　近年、高齢者施設での園芸は屋外での活動として取り入れられることが多くなってきた。高齢者のなかで、とくに昔から園芸が好きだった方はもちろん、花や植物に触れ合うことで日々の生活に季節を感じ、楽しみにする人が多い。障がいをもつ人は安全面から屋外へ出ることが減少してくるが、作業をすることにより、廃用性症候群の防止、室内の生活からくるストレスの減少、運動不足の解消など、メリットがたくさんある。

		植　物　名
中低木		キンカン、サルスベリ、ブラックベリー、ナンテン、センリョウ、マンリョウ、モミジアオイ、ムラサキシキブ
なじみのある草花	春夏	ナデシコ、ダリア、カーネーション、ミヤコワスレ、ケイトウ、デージー、サギソウ、日々草、サフィニア
	秋冬	葉牡丹、ガーデンシクラメン、パンジー、コスモス、リンドウ、桔梗
つる性		ハツユキカズラ、ヘデラ、クレマチス
香りの植物		ローズマリー、ミント類、ラベンダー、セージ類、バジル、シソ、ルッコラ
野菜類		トマト、ナス、ピーマン、サツマイモ、ホウレンソウ、サラダナ、ブロッコリー、イチゴ

第4章　植物をよく知り活用しよう

車椅子利用となった場合でも座って作業できる配慮も

昔から馴染みのある植物や収穫できる野菜を楽しみ、順路での安全性も考慮

　また、水やり・草取りなどの世話をする責任感や、収穫物から得られる達成感、それを贈ることでの社会性など心理面での効果も期待できる。

ガーデン効果のポイント
- 四季の情感を感じられるデザイン。
- なじみのある植物を使い、思い出を引き出す。
- 機能回復など屋外でのリハビリができる。
- 一人ひとりが管理できるスペースを確保することで外に出るきっかけ、世話をする責任感が生まれる。
- 収穫が楽しめ、達成感が生まれる。

配慮・注意すべき点
- 庭園内の足元の安全に気を配る。
- 協働作業時は大きな声ではっきりと。
- 異食などに注意する。
- 刺激のある強い配色よりも、安心感のある色使いをする。
- 水やりなどの管理・メンテナンスがしやすいものにする。

（高松雅子）

2 モデルガーデンをつくって楽しむ──(2)
対象者にあわせて配慮する⑤
子供たちも一緒に楽しむ

　現代の子供たちは、植物に接することが非常に少なくなり、土に触れることができない子供たちも多い。

　しかし、外で園芸活動することにより、さまざまなストーリー性をもたせ、認識力の発達により、徐々に庭園デザインに意味を見いだし楽しんでいくことができるようになる。いろいろなものを発見し、学習することで自然環境を身近に感じ、園芸福祉活動の視点も育ち、遊びを通し

		植 物 名
中低木		もみの木、ゴールドクレスト、ラインゴールド、ブルーベリー、レモン、コーラ、姫りんご
色を考慮した草花	春夏	デージー、マーガレット、インパチェンス、ヒマワリ、アサガオ、キンギョソウ、ベロペロネ
	秋冬	センニチコウ、チョコレートコスモス、パンジー、ガーデンシクラメン
つる性		ツルニチニチソウ、ワイヤープランツ、アカリファ、ヒスパニオラエ
香りの植物		レモンバーム、カモマイル、レモングラス、ラムズイヤー、ライオンズイヤー、キャットミント、カレープランツ、ソープワート、ローズマリー、コモンセイジ、ミント類
おもしろい植物		綿、ハンカチの木、ミッキーマウスの木、グリーンネックレス、多肉植物、ステビア

第4章　植物をよく知り活用しよう

面白植物や造形的な変化ももたせ子供たちに興味を抱かせる

巡回して植物と触れ合える空間を増やすことも大切な要件

て体験することができる。室内での遊びや学習ばかりの生活のなかに、小さいころから園芸・植物を通しての自然観をもつ機会をもっと増やし、障がいのある児童も一緒に楽しめる園芸福祉ガーデンからユニバーサルな思考を育てていきたいものである。

ガーデン効果のポイント
- 植物に名札・プレートなどをつけ、教育的効果を高める。
- 一緒に作業することで社会性・協調性を養う。
- 楽しい遊び感覚を重要視する。
- 植物の生長過程や小動物などを発見できる場所にすることで、好奇心や興味をわかせる。
- 植物の生長過程を見ることで学習意欲を育てる。

配慮・注意すべき点
- 花壇の安定性、足元の安全性。
- 子供の目線を考えてサイズを決める。
- 危険植物（棘のあるもの・アレルギーなど）の植栽方法に気をつける。
- 子供が触れたり香りを楽しむ方法を考える。
- 興味をもちやすい植物選定にする。

（高松雅子）

第 5 章

誰もが楽しめるプログラム

デイサービスの活動のなかで(福岡県古賀市)

1 地域で展開する多彩な実践のために――（1）

子供から生涯現役まで
世代間交流をうながす

ゆりかごから墓場まで、人生とともに

　園芸福祉が活用できる範囲と領域については第1章で記されているとおり広範域に及んでいる。世代別にいっても、まさにゆりかごから墓場までという形容がふさわしく、人生とともにあるといっても過言ではない。また、その活動や作業のプログラムにおいては、共通点が多くあり、誰もが一緒になって楽しめ、結果的に世代間の交流やコミュニケーションがはかれる活動でもある。世代間交流が途絶したためいろいろな問題を生み、憂慮される事件の勃発をきたしている現代にあっては、園芸福祉活動は植物がとりもつ貴重な活動であり、ぜひ広めていきたいものである。

　子供が主となる園芸福祉活動としては、「植物と親しみ」「植物を育てる」活動が興味をもたれるようである。学習の分野に寄与するなどと大上段に構えるのではなく、まず、地域に根ざした園芸福祉活動を始めることをすすめたい。地域を美しくしようという環境問題を軸として、地域の人たちとの協働活動を身をもって体験することが子供たちの将来にとっても大きな収穫になる。

　現在、当協会の初級園芸福祉士資格取得のための認定高校（農系）が

第5章 誰もが楽しめるプログラム

養護学校生徒と農業高校生の交流活動（静岡県）　　駅前の花壇を地域住民が苗を育てて管理（三重県）

数校に及んでいるが、今、高校生の間では園芸福祉に大きな関心が集まっている。農業系の高校では、生物応用などの農業のもつ多面的機能を学習する科目が必須科目ともなり、園芸福祉はその範疇に入っている。また、就職などの進路も福祉系の職場に向かう人たちも多くあり、そのための知識や技術が必要となってきている。また、障がい者・高齢者施設などへ出向いて実習をおこなっているケースが多くみられるが、対象者側のお年寄りや障がいのある人も、とても楽しみに待っておられる様子である。当協会の事例発表でみられたケースのように、そのグループの高校生たちでNPOを結成して園芸福祉活動をおこなっているところも出てきている。まさに、楽しくみんなで支え合うこれからの福祉のありかたとしても有効である。

　主に福祉医療系および農系の大学、短大や各種専修校などでは園芸福祉に関する科目や講座の開設が盛んになってきている。これも就職などの進路としてのニーズが広がってきたことで、その手法やエビデンス（実証記録）などの研究が主体となることもあるが、園芸福祉の普及・定着のためにもその根拠性を示すことは必要である。ただ、園芸福祉活動は実践をともなうことが必須であり、まずいろいろな人との交流が基本にあることを認識すべきである。

高齢者と交流する街角デイサービス（大阪府）　　知的障がい者が花を育て地元企業と連携して花
　　　　　　　　　　　　　　　　　　　　　　　壇づくり（長野県）

ロハスな暮らし方と園芸福祉

　いま、働き盛りの社会人や家庭に入っている人たちにとっては、従来園芸が趣味の人たちは別として、わざわざ園芸福祉活動に参加する機会や時間が取りにくいのも現状である。

　しかし、わが国の新しい潮流として、スローライフやスローフードそしてロハスな暮らし方の方向に向かっていることも事実である。ただ遮二無二はたらくだけの人生からゆとりのある豊かな暮らし方、そして地域や周囲とのコミュニケーションや交流が必要になってきている。とくに団塊の世代といわれる年代層が大量にリタイアする時期でもある。なかなかそのきっかけがつかめない方もみえるかと思われるが、そこには園芸福祉のテーマがぴったりであり、いくらでも活動の場が広がっている。地域の美化運動や、施設訪問、子供たちへの指導などボランティア活動としてもプログラムが豊富にある。ときには、植物などの生産性を生かして事業展開も考えられ、新しく起業することも可能である。

　高齢者にとっての園芸福祉はあらためて効用をもちだすまでもなく、ごく自然であり、昔から続いている活動であり、生活そのものでもある。ただ、生活の糧としてきた農業をめざすだけでは必ずしもスムーズにい

かない場合があるのも事実である。

一緒に楽しめるプログラムづくり

　園芸福祉はまず楽しさを全面にだす活動である。たしかに、園芸福祉活動における運動性、精神性などの健康増進への効果は期待できるが、それらは結果的に派生するものであり、そのことがお題目になってしまってはなかなか発展はしていかない。

　厚生労働省が主体となって進めている「健康増進法・健康日本21」では、生活習慣病や成人病などの予防が主眼となっている。そのため筋トレや体操などの普及に努めているが、思ったような効果がみられてないのが現状である。これらは命令的で喜んで積極的に参加する人が少ない傾向であり、その点、園芸福祉は楽しんで自ら参加できる方法として期待されている。高齢者にとっては、生涯現役の意気込みや生涯学習として、また、心身の健康増進、青空デイサービスのプログラムとして園芸福祉活動に参加されることが望まれる。

　園芸福祉活動は、植物や花などを介在しながら、心身の健康増進をはかる手法として数々の効果や利点が認められるが、なによりも、子供たちから生涯現役の人たちまでの世代間交流をつくりだし、幸せな社会の構築に役立つものであるが、その実現のためにはまず、みんなで一緒になって楽しめるプログラムづくりがポイントである。　　　　（近藤龍良）

1 地域で展開する多彩な実践のために──(2)

さまざまな施設で展開する園芸福祉

園芸福祉活動を取り入れるために

　障がい者自立支援法が施行されて、今までの助成金などの支援に頼っていた経営から独自性をもたせる福祉施設経営に変化してきている。すでにその活動や事業内容に園芸福祉を取り入れて実践しているところも多くあり、そのための技術や方法を学ぶため、当協会の初級園芸福祉士資格を取得されたりめざしている人も多くある。
　また介護保険や健康保険制度の逼迫や、健康増進法・健康日本21などの制定によって予防医療が急務となっている医療・福祉現場においても、植物の自然治癒力や代替医療の活用をはかるための園芸福祉・園芸療法が多く試みられている。

楽しくみんなでする活動であることを認識する
　園芸福祉活動を取り入れるにあたって共通の前提としては、まず、楽しい活動であることと、みんなでおこなう協働活動であることを認識する必要がある。そして、その内容やプログラムにおいては、対象となる人や目的を把握してそれらに添った方法を実施していくものである。

活動の目的を把握する
　まず、病院・福祉施設等でおこなわれる園芸福祉活動の目的を把握す

第5章　誰もが楽しめるプログラム

農地を活用して多彩な年代が交流（千葉県）　　医療機関での療法活動の一環として（岐阜県）

ることであり、大きく分けて対象者がなんらかの障がいをもつ人たちへの治療や療法的目的が明確である場合は、園芸福祉活動のなかでも園芸療法の専門分野の活動やプログラムになる。この場合、初級園芸福祉士などは医師など公的な医療資格を有する患者責任者の指示にしたがって園芸福祉活動の指導やサポートをおこなうことになる。

　また、直接的な医療活動ではなく、レクリエーションやリラクゼーションのための園芸福祉活動については、極力いろいろな人との交流をはかるプログラムを用いることである。

　いずれにしても、園芸福祉活動のなかの個人的な療法的分野については、医師など医療関係者との意思疎通を十分はかるよう留意されたい。

資金の調達方法を考慮してプログラムをつくる

　運営の問題については、資金等の調達の方法等によってプログラムの内容が違ってくることがある。すなわち、類型としては法制上の公的な資金や交付金を活用する施設や病院などでは、その規約のなかでおこなうこととなるし、授産施設（セルプ）や福祉作業所、福祉工場などのように経済的自立をめざす施設や、職業訓練などを主とした社会復帰のための準備施設などについても、それぞれの目的に応じた活動やプログラムの編成が求められてくる。障がい者自立支援法等でみられるように、わ

高齢者施設での余暇活動として（東京都）　　地元小学校と連携して（愛知県）

が国の福祉政策は、個人も施設の経営も積極的に社会参加をめざした自立にむかう方向を示し、そのためにも園芸福祉活動は有効である。すでに各地の病院や施設でおこなわれている園芸福祉活動については、当協会編集の活動事例集にまとめられているので参考にされたい。

さまざまな施設と活動

　知的障がいのある人たちの多くの施設では、園芸福祉活動が盛んにおこなわれている。なかには、利用者が中心となって農事組合法人やNPOを結成して事業展開をはかっているところも見受けられる。地元の園芸農家と連携したり職員が園芸専門家であったりする施設や単に農業生産だけにとどまらず、販売方法や加工品などの独自的な生産などをおこなっている施設などの成功例が多くみられる。職員に農業系の学卒者を採用する施設も多くなり、初級園芸福祉士の資格認定を希望する高校も多くなってきている。

　ただ、知的障がい者施設の分野でも、重度・軽度・通所・更生・授産・福祉工場・通勤寮・福祉ホーム・グループホーム・地域ホーム・福祉作業所、また、精神障がいなどとの分類もあり、それぞれにおいて対応に違いがでるのできめの細かい配慮やプログラムが必要である。

第5章　誰もが楽しめるプログラム

　肢体不自由や身体障がいのある人たちの施設では、作業や活動のためにはバリアフリーの施設や設備、道具などが必要になる。誰にでも汎用できるユニバーサルデザインの普及は進んできてはいるが、個々の活動に不自由のない配慮が不可欠である。車椅子用のレイズドフラワーベッドやペットボトル園芸、机上園芸などのそれぞれの障がいにも適した楽しいプログラムや指導サポートなどが園芸福祉活動では重要である。また、視覚・聴覚障がいのある人たちには、センサリー、フィーリングなど五感に通じるガーデンやガーデニングのプログラムのプレゼンテーションが望まれる。
　高齢者施設においては、養護老人ホーム・特別老人ホーム・老人センター・福祉センター・ディサービス・老人憩いの家などの施設や通所施設などがあり、園芸福祉活動においても、長期にプログラムに編入されている場合や、臨時的に催される場合などその内容はいろいろである。とくに楽しみながら知らず知らずのうちに体を動かすアクティビティな要素として効果があるので、極力本人に作業をしてもらい初級園芸福祉士はサポートに徹することも必要である。また、園芸福祉活動の基本でもあるみんなで一緒におこなう仕組みが肝心で、とくに、子供や学生など若い人たちとの交流をプログラムすることなど考えていくといい結果が得られる。
　欧米などではすでにおこなわれているが、刑務所などで犯罪者の矯正のためのプログラムに園芸福祉が用いられている。また、幼稚園や学校など教育機関や地域における園芸福祉活動、そして農業や造園など園芸関係の事業者などにも園芸福祉の輪が広まってきているが、それらが協力しあって一体となった活動がくり広げられていく社会になっていくことが理想である。

〈近藤龍良〉

1 地域で展開する多彩な実践のために──(3)

社会的環境による
ストレス障がい

メンタルヘルスと園芸福祉

　恐怖と不安の違いは、恐怖が高所恐怖や閉所恐怖といった対象があるのに対し、不安は漠然としたものであることが多い。かつて、筆者らは、シカゴの福祉施設で植物や園芸活動が恐怖と不安の緩和のどちらに効果があるかを研究した。その結果、園芸活動は恐怖よりも不安に効果があることがわかった。これは、園芸活動が植物の時間に寄り添った活動であり、期待する結果が穏やかで、植物の生長の時間軸が時計の時間よりゆったりとしていること、さらに失敗という結果に対し、自己責任と環境責任が理解できる。また、再度チャレンジする機会を与えやすい。技術的習得や学習効果が得やすく、他人の知恵や具体的支援に従順になれること、仲間と一緒に活動ができることなどが理由にあげられる。

　さて、体にすり傷や切り傷、骨折があるように、心もケガをしたり風邪をひいたりする。放置することで自然に治癒することもあるが、一生に影響を及ぼすほど重篤になる場合もある。

　心的外傷後ストレス障がい（PTSD：Post-traumatic Stress Disorder）は、災害や事故、犯罪などの精神的ストレスで負った心の傷をきっかけに発症する状態をいう。

このPTSDが本格的に研究されはじめたのは、ベトナム戦争の体験に基づいている。最近では、阪神淡路大震災やサリン事件、バスジャック、ドメスティックバイオレンス（DV：Domestic Violence＝家庭内暴力）、児童虐待、小学校での児童殺傷事件、人格障がい者による殺人、えひめ丸沈没事故、アメリカ同時多発テロ事件などがPTSDへの取り組みの必要性と緊急性を強くしている。
　症状としては、動悸、不眠、覚醒、抑鬱、孤立感、睡眠障がい、無気力、無関心、感情鈍麻、一方、外傷体験に類似した状況に暴露されたときに生じる著しく過度の驚愕反応など多彩な症状を呈する。このような心理的・身体的な症状により社会参加が制限され、引きこもりなどのコミュニケーション障がいが生じることもある。
　その他、境界型パーソナリティ障がい、引きこもり症候群、鬱状態、コミュニケーション障がいなど社会的環境因子による影響が考えられる精神的・心理的に不安定な状態に園芸の効果が期待される。また、重篤ではないにしても、日常よく遭遇する人間関係上のストレスの緩和に園芸は有効である。

植物や園芸の福祉的活用

　植物は攻撃的でない。園芸活動によってつちかわれる観察力、刺激される好奇心、植物の生長のケアをする時間を体験することで、責任感や忍耐力、寛容性、計画性が無意識に身につく。獲得される達成感をわかちあうことは、人と人との絆を強くする。さらに自尊心は個人を成長させる。
　2001年現在、イギリスでは1500以上のグループが、社会的・療法的農園芸プロジェクトを進めている。6万人の人々が感覚障がいや身体障がい、あるいはLD（Learning Disability＝学習障がい）や精神の健康になんらかのトラブルがある人たちの支援をしている。

NPOのスライヴ（thrive）は、このような支援活動の専門家のネットワークを支援している。どのようなかたちで支援をしているかは、第5章で紹介するが、全体のプロジェクトのうち重複も入れて、65％の人はLDの人たちと、52％の人は精神的になんらかの問題がある人たちと、35％の人が身体障がいの人たちと一緒にプロジェクトに参加している。

　この数字や社会的現象のニーズから類推すると、社会的環境因子による精神的・知的・身体的トラブルに対して、ますますなんらかの治療的あるいは療法的手法が求められていることがわかる。植物や園芸の福祉的活用はこの期待に応えることができる。

　脳による思考は時空を超えて突き進む。心拍は現実的に時間を刻む。しかし、ストレス過剰で脳に過充電が起こると、自律神経の支配下にある心拍もこれにつられてバランスを崩し、動悸を感じるようになる。過呼吸が加わると末梢血管が収縮し手足の先が痺れる。不安が脳を襲う。この悪循環が過呼吸症候群の発作を引き起こす。脳のストレスが過剰になったとき、園芸作業で土をさわることにより、文字どおりストレスをアースすることができる。

　不安によるストレスについては、時間的概念に関係していることが多い。植物の最大の特徴である時間と「ムカつくキレる」に関する知見について、第1章の2　園芸福祉と心身への効果（4）園芸の精神的・心理的効果の植物の時間と脳神経回路の項を参照していただきたい。

（吉長成恭）

1 地域で展開する多彩な実践のために──(4)

要支援者との活動を農高生が担う

高校初、アジサイを品種改良して種苗登録

　草花クラブの創部は1986年、現在は、草花クラブだけでなく、バイオテクノロジー部・野菜クラブ・情報処理部・華道会部など5つの農業系クラブが活動しており、園芸ビジネス科・植物クリエイト科あわせて280名の在校生のうち、100名近くの生徒が所属するまでになっている。この100名近い生徒が農業系クラブに所属しているのは、農業専門高校においては珍しく、これらのクラブがあるから研究の継続ができて現在につながったのだと思う。

　アジサイの育種を始めたのは、クラブで栽培した花を二輪車に積んで街に出たときのことで、「アジサイが大きくなりすぎて困った」「昨年は花が咲いたのに今年は咲かないのはなぜ？」という相談を受けたことであった。地域への販売は、販売方法を学ぶだけでなく園芸相談などを受け、問題を考え解決することや、栽培したものに対する評価など多くの教育的な効果がある。そこで生徒と一緒に一軒一軒アドバイスをして回ったが、ほとんどの家が西洋アジサイや本アジサイで、大きくなるタイプであることがわかった。結局、これがきっかけとなった。

　アジサイの育種は1990年当時ほとんどおこなわれておらず、交配方法

もわかっていなかった。そのため、観察してトライして壁に突き当たって、また観察しての繰り返しであった。交配して播種して一鉢の固体が1993年に得られたのをきっかけに、桂高校でのオリジナル品種の開発が始まった。品種登録したのは、「ピクシー桂の舞姫」からで、今では11品種も品種登録するまでになっている。

障がい者施設との協働栽培の目的

障がい者施設との協働栽培を考えたのは、2000年にある種苗会社と販売契約を結んだときである。障がい者施設をパートナーに選んだのは、クラブ員の多くが将来、花屋さんなどの関連産業を希望しているからである。しかし、このような活動をしていると、生産者にもなりたいと希望する生徒も出てくるが、農家への就職はなかなか難しいのが現状である。

そこで、障がい者施設を生産者に育て、生徒を園芸指導員として就職させようと考えた。つまり、障がい者施設の園芸依存度が上がれば、当然作業を指導する人材が必要になる。園芸を指導できる人材は、すぐにつくることができないので、生徒たちを福祉関係の施設に就職させる肩書として、初級園芸福祉士を取らせて就職させようと考えたのである。

3年間という限られた期間のなかで一定の技術やノウハウを修得させて卒業させなければならない条件もあるため、生徒には、生産ばかりでなく折衝・技術指導・会計処理までのプロセスすべてを体験させるようにしている。1年生で入ってきたときには、慣れない知的障がい者との対応に苦労をしているが、先輩の指導や自己研鑽によって、言葉だけでなく絵や図を使って上手にコミュニケーションがとれるように変わってくる。

通年栽培に向けてKatsura Nursery Case(KNC)を開発

通信販売での販売量は、それほど多くはなかったので、第二段階として障がい者施設での挿し木苗の生産を増やすことができれば、アジサイの

苗をもっと多く生産でき、他の施設の依頼に応えられ、生徒の就職先も増える。さらに、全国のホームセンターで販売できれば万から10万単位になると摸索していたときに出合ったのが、Wardian Case（ウォードの箱：19世紀初めに世界各地で活躍した植物収集家プラントハンターたちが、収集した植物を輸送するために開発したミニ温室）である。

きっかけは、2004年の静岡県でおこなわれた浜名湖花博覧会でアジサイの品種開発が認められて会場にアジサイのコーナーをつくってもらい、部員全員で見学に行った折、プラントハンターのコーナーでWardian Caseに出合ったことから始まる。

それまで、生産や管理がしやすい品種の開発にも取り組んできたが、障がい者施設のほとんどは、敷地は比較的広いが温室などの施設がなく、屋外の囲場で生産できることも課題であり、その打開にWardian Caseは向いているのではと考えた。そこで、障がい者が生産しやすい形状で、開口部を大きくとり、簡単に開け閉めができて、怪我をしないようにガラスを使用しないなどを前提に試作を始めた。障がい者施設での現地テストでは、挿し木時の灌水だけで40日間一度も灌水せずに発根し、施設での挿し木苗生産のめどが立った。

こうして完成した桂版Wardian Caseは、育苗や生産的な目的でこのケースを利用したのは初めてだという評価も得たので、なにか新しい名前を付けたほうが妥当だということになり、Katsura Nursery Case（KNC）と命名した。アジサイを挿し木する6月・7月の間だけだが、KNCを常設し生産に利用することで残りの10ヵ月間、植物を生産することも可能になる。過去の利用は移動用で、今回のように植物生産や育苗に利用するのは初めてであり、アジサイの挿し木以外の適正植物や栽培利用の方法など、KNC利用の研究は途上であるが、障がい者雇用や自立支援の促進、植物栽培の概念を変える栽培方法が誕生への貢献にもつながる可能性に期待している。

（片山一平）

2 年間を通して楽しむ園芸福祉──（1）

高齢者における
園芸福祉効果のある色彩

光と色とは

　わが国は、世界に類を見ないほどに高齢化が進んでいる。65歳以上の人口が、2005年には人口の20％を超えるといわれている。それにともない高齢者にやさしい環境整備が急がれている。どのようにすれば高齢者の人々が安心して積極的に暮らせるのか今後の課題になってくる。

　私たちの身の回りには、色があふれ、色に囲まれた生活を送っている。私たちの見ている色は電磁波の一種で、電磁波には可視光線、不可視光線があるが、色はこのうちの可視光線の一種である。波長をあらわす単位としてnm（ナノメーター＝1/10億m）が用いられ、長波長の赤色から短波長の紫色までは、380nmから780nmとあらわす。

　これらの可視光線が目に入り、引き起こされた感覚が色である。太陽光がプリズムを通り、赤・橙・黄・緑・青・藍・紫の7つに分散して色の帯となる。それをスペクトルという。これらは、17世紀後半イギリスの物理学者アイザック・ニュートンによって実験された。眼球の瞳孔を通して入ってくる光は、眼の奥にある錐体細胞という色味を感じる細胞を刺激し、色を認識するのである。

　人間のもつ五感のなかで視覚部分は全体の87％を占め、目から入る情

報はとても重要になる。脳に送り込まれた色の情報は、私たちの心と体にさまざまな影響を与えていることはよく知られている。

高齢者の感じる色と光

高齢者の身体・心理機能
高齢者の身体的・心理的要因には以下の3つがある。
①運動機能の低下（筋力・関節の低下）、バランス感覚の低下
②感覚機能の低下（視覚・聴覚・味覚・嗅覚機能の低下）
- 短波長に対する感度の低下＝緑・青・紫が見えにくくなる
- 明順応より暗順応の低下

③身体機能の低下（病気の複合化）、回復性・修復性の低下
- 身体的疾患（糖尿病・脳梗塞・脳溢血など）

高齢者になれば若いときと違い、いろいろな意味で「老い」を感じることになる。精神的にも身体的な不安、生活の不安などを抱え、さらに親しい人や配偶者の死に接する機会が増えてくる。しかし、前向きに積極的に生きている人々も大勢いる。老いは自然なこととしてとらえ、いまある力にそって生きていくことは、たいへん素晴らしいことである。

高齢者の色の見え方
高齢者の避けて通れない目の老化現象として白内障があげられる。白内障は50歳代で60％、70歳代で90％、90歳代でほとんど100％の人にみられる症状である。

水晶体は若年層では無色だが、加齢とともに濁って不透明になり、茶黄色みを帯び、視力が低下し、色の区別が困難になる。とくに茶黄色の補色である波長の短い、青・紫系の色は見えにくくなる。また、明度の高い色同士、彩度（鮮やかさの度合い）の低い色同士の区別も困難になる。

こうしたことを考えると、高齢者には明度差（明るさの度合い）のは

っきりした配色が好ましいといえる。ただし彩度ばかり高い配色は、色の発するエネルギーが強すぎるため高齢者向きではなく、とくに体力が落ちた人には辛い配色になる。私たちにとってなんともない配色であっても、高齢者には悪影響を及ぼすことがあるので注意が必要である。

高齢者の色の好み

次に高齢者の色の好みを考えてみよう。高齢者はとくにグレー、ベージュが好みというわけではなく、一般の成人と変わることなく、きれいな赤色や黄色、ピンク色などを好んでいる。そうした色に触れたり、着用したりすることにより安心感を得ることが知られている。またこれらの色の発するエネルギーがゆるやかなので親しみやすいともいわれている。

園芸福祉においては、高齢者は手先を使い、視覚的に花などの色を感じることにより脳が活性化され、非常によい心理的効果をもたらすことができる。また、視力が弱い人には花の香りを楽しんだり、形に触れたりすることで同様の効果をもたらすことができる。

認知症患者の色の感じ方

高齢者の加齢による病的症状として認知症があげられる。ではどのような症状を示すのか簡単に述べておく。

特徴としては物事の判断力が低下し、自分がどのようにしたらよいのかがわからない状態になり、常に不安で自信を失いやすいことがあげられる。また物忘れなどを無意識に補おうとするため、つくり話をしやすくなる。最近の記憶は失われやすいが、生まれ故郷のことや若いころのことは比較的覚えているのが特徴である。

色に対しての識別や認識は常識の範囲内で記憶にとどまっている。実際は個人によって異なるが、園芸福祉の作業のなかで、赤やピンク、黄色の花を見たりさわったりすることで心理的安定感を覚え、笑顔がみられる人もいる。

これらのことから、色の刺激をうまく使うことにより、いっそう園芸

福祉の効果が上げられると思われ、あわせて心理的ケアが可能になることがわかる。

色を効果的に使った癒しの空間

　色を上手に使えば癒しの空間をつくることができるが、そうでない場合は、不愉快な落ち着きのない状態が生まれてしまう。私たちの生活において色は1色で使われることはほとんどない。必ず何色かが組み合わされるので、配色をするときには十分な配慮が必要になる。

　配色調和の基本例を4つ示す。①は同じ色を集めた同系色の濃淡配色で、同じ仲間なのでまとまりやすい。②は赤み、黄みといった色を共通に感じるような類似した色みの配色。青緑と緑では緑みを共通に感じることができる。まったく同じ色みでなくてもまとまりを感じることができる。③は反対色による配色で明快さが感じられる。④は隣り合う色同士が異なったようにする明快な配色、もしくは同系統の色でまとめる3色の配色。

　3色以上の配色のときは、2色を応用したかたちで、多色でも似たような色の組み合わせや反対色でまとめるとよい。それぞれの代表的な色のもっている一般的なイメージや感情を3頁の表にあらわす。

　高齢者は、幼少期から青年期にわたる時期に接した植物にとくに親しみを感じるようである。古来から色のイメージがとらえやすい植物（とくに花）として親しまれてきたものを以下に何点かあげる。

　春：ナノハナ、スミレ、ユキヤナギ、アヤメ、フジ、ヤマブキ
　夏：アジサイ、ユリ、アサガオ、ヒマワリ
　秋：サザンカ、キキョウ、アケビ、コケモモ、リンドウ、ツルウメモ
　　　ドキ、ススキ、ケイトウ、ワレモコウ
　冬：ウメ、ナンテン、センリョウ、ツバキ、ボケ

（堀江由美）

2 年間を通して楽しむ園芸福祉——(2)

園芸福祉の実践カリキュラム

カリキュラムをつくるうえでのポイント

　単発の作業、1日、1週間、1カ月、1年の作業といった流れのなかでカリキュラムを組んでいくことは、園芸福祉の活動を長く続けていくうえで大切な仕事となる。一過性のイベントで終わらせることなく継続的な展開につなげていくことが重要なのである。そのためには植物の生長に合わせて、自然の時間のサイクルのなかで、日本の行事や地域のイベントも頭に入れながら、そして、参加者の成長に合わせて人と植物、自然が共生でき、それぞれの目的に合った活動を組みたてることが必要である。

　1回ごとの作業の流れ
　①プログラムづくり
　②当日スタート
　③事前チェック　メニューの説明と材料の確認（利用者状況チェック）
　④作業開始　状況チェック　進行時間
　⑤作業終了　はさみなどの道具類の確認・収納
　⑥出来上がり個別評価　感想を聞いたり、よいところをほめる。
　⑦メニュー終了　掃除

第5章　誰もが楽しめるプログラム

日本の行事と植物

	行　事	季節の花	旬な野菜
1月	お正月・七草・鏡開き	センリョウ、マンリョウ、スイセン、フクジュソウ、カトレア、シンビジューム、	カブ、ハクサイ、レンコン、ゴボウ、コマツナ
2月	節分・立春・バレンタインデー	ウメ、ツバキ、フキノトウ、クロッカス、ユキワリソウ、ヒイラギ	カブ、ハクサイ、レンコン、カリフラワー、ゴボウ
3月	桃の節句・啓蟄・春分の日	モモ、ジンチョウゲ、ストック、ヒヤシンス、ラナンキュラス、パンジー、スイトピー	ウド、ホウレンソウ、イチゴ、キャベツ
4月	入学・穀雨	サクラ、カスミソウ、ヤマブキ、チューリップ、アマリリス、ツツジ	ウド、タケノコ、キャベツ、イチゴ
5月	こどもの日・母の日・八十八夜・立夏	カーネーション、アヤメ、スズラン、ミズバショウ、ボタン、トルコギキョウ、ハナミズキ、フジ、バラ	タマネギ、アスパラ、グリンピース
6月	梅雨入り・父の日・夏至	アジサイ、ツユクサ、サツキ、ハナショウブ、ドクダミ、クチナシ	タマネギ、アスパラ、トウガン、キュウリ
7月	七夕・土用・暑中見舞い	ヒマワリ、キキョウ、トルコギキョウ、スイレン、ホオズキ	アスパラ、トウガン、カボチャ、キュウリ、ナス、トマト、マッシュルーム
8月	お盆・立秋	ヒマワリ、アサガオ、ツキミソウ、ヒャクニチソウ、ヤマユリ、	エダマメ、ナス、トマト、オクラ、サヤインゲン
9月	敬老の日・秋分の日・十五夜	ヒガンバナ、オミナエシ、ダリア、ハギ、キンモクセイ	トウガン、カボチャ、シメジ、サツマイモ、ゴボウ
10月	十三夜・紅葉狩り	コスモス、アザミ、ケイトウ、リンドウ	カボチャ、シメジ、クワイ、マツタケ、クリ、カキ
11月	七五三・文化の日・収穫祭	キク、サザンカ、モミジ、キンモクセイ	シメジ、クワイ、ハクサイ、コマツナ、ダイコン、レンコン、カリフラワー、カキ
12月	冬至・クリスマス・大晦日	シクラメン、ポインセチア、プリムラ、カトレア、クリスマスツリー	カブ、ハクサイ、カリフラワー、ゴボウ、ネギ、ホウレンソウ、コマツナ、レンコン

⑧反省ミーティング　評価表の記入、利用者の変化や改善点、次回活動に向けて

園芸作業の流れ

　一例をあげるが、地域や気候によって時期や内容が変わるので、各地に合わせたスケジュールを立てていくこと。

	主な作業	利用
1月	庭木・花木・落葉果樹の整姿・剪定 寒肥の施肥	剪定した枝木を使った小枝細工
2月	畑花壇の準備・土づくり 山野草の植え替え、株分け 今年の植栽プランづくり	球根のペットボトル水耕栽培
3月	畑花壇の準備・土づくり 草花、野菜種まき 宿根草の植え替え、株分け	ラベルづくり
4月	種まき・春植え球根植え付け キッチンガーデンづくり	寄せ植え
5月	挿し木・挿し芽、移植・定植 花後の手入れ、切り戻し	ハンギング
6月	挿し木、肥料やり、夏花壇づくり 庭木の芽摘み	多肉植物タブロー
7月	ハーブの収穫、夏の日よけ対策 ドライフラワー用花収穫	フラワーアレンジ
8月	夏野菜収穫、アジサイ、草花整枝	ハーブクッキング
9月	秋まき種まき・球根植え、宿根草株分け、秋花壇づくり	鉢カバー、容器づくり ポプリづくり
10月	定植、イモ掘り、	ススキで動物づくり
11月	春植え球根の掘り上げ・貯蔵、防寒対策、腐葉土、堆肥づくり	つる取り、つる工芸 押し花クラフト
12月	庭木の冬囲い、冬花壇づくり	クリスマスアレンジ 正月用飾りづくり

楽しむために

　園芸活動をスタートさせればいろいろと利点はあるが、実際にはその作業に入るまでにかなり労力が必要な人もいる。関心、興味をもち、見ているだけの人がその作業に加わり、楽しんでもらえるようにするためには、その導入や動機づけにも工夫がいる。とくに病気や障がいをもっている人やガーデニングになじみのない人たちは、時には失敗することもあるだろう。安心して失敗できる雰囲気づくりも必要である。

　なによりも先に体験することが関心をもってもらうためのひとつの方法である。例えば押し花やフラワーアレンジ、ハーブクッキングなどをおこない、次にそれらの材料となる植物を栽培していくといった順序である。また貝割れなどの栽培期間が早く、結果が早くわかるものもスタートしやすい。対象者と目的に合わせるなかで、最終的には植物の生育のさまざまなステージに合わせた作業にかかわれるようにしていきたい。時にはたいへんな作業もあるだろうが、無理のない範囲で仲間とともにそのたいへんさも体験することで、連帯感や協調性、忍耐力や責任感、そして達成感へとつなげる活動にしていきたい。

　自然界のなかにはさまざまな楽しい材料が潜んでいる。地域に合った身近なものを活用し、継続した活動となるために存分に楽しんでもらえるカリキュラムをつくってみよう。

　　　　　　　　　　　　　　　　　　　　　　　　　　（近藤まなみ）

2 年間を通して楽しむ園芸福祉――(3)

プログラムづくりと実践での留意事項

プログラムの立て方

　口絵にあるクローバーの図を参照しながら、園芸福祉の要件をもう一度見直してみよう。それがプログラムを立てるときのポイントとなるからである。まず基本となる3つの要素を確認し、決めていく。
　(A)活動する背景(B)活動目標とテーマ(C)仲間。
　ここで参加活動する人たちの状況(興味・関心・技術・知識・経験・身体精神状況等)を把握するとともに諸条件を確認し、目標およびテーマを設定する。
　それが明確になったら次に実施するための4つの要素である環境的な条件と管理していくうえでの条件等を決めていく。
①植物：植物の選び方の項で出てきた内容を思い出し、対象者や栽培条件によって植物を選定していく。
②場所：広さや日当たり、温度などメンテナンスまでも考える。
③時間：1回の活動においての時間や活動頻度はどの程度でどれだけの日常管理が可能かまたは必要か？
④費用：必要経費と調達方法。
　そしてそれらを考えるときに共有する4つの要素として〈a〉衆〈b〉集〈c〉

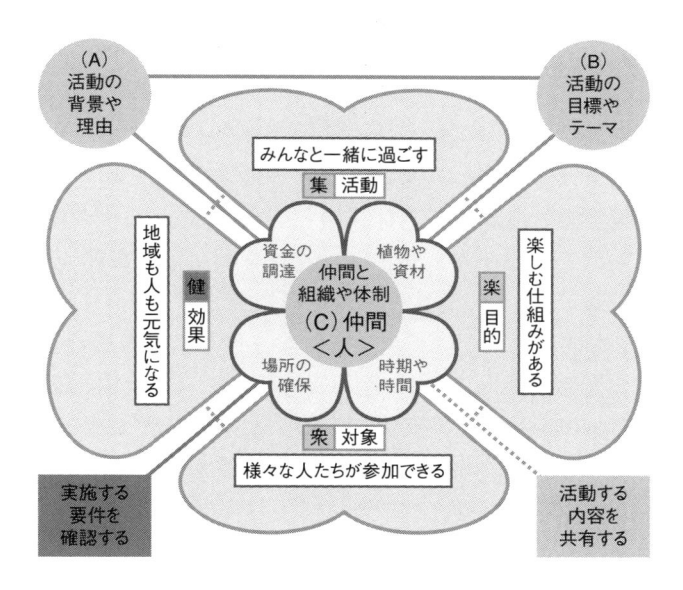

第5章　誰もが楽しめるプログラム

図中のテキスト：
- （A）活動の背景や理由
- （B）活動の目標やテーマ
- （C）仲間〈人〉
- みんなと一緒に過ごす　集 活動
- 地域も人も元気になる　健 効果
- 楽しむ仕組みがある　楽 目的
- 様々な人たちが参加できる　衆 対象
- 仲間と組織や体制
- 資金の調達／植物や資材／場所の確保／時期や時間
- 実施する要件を確認する
- 活動する内容を共有する

楽〈d〉健　が含まれるようアイデアを出すのである。無理のないプランが継続のカギである。

　ここから先は具体的に一つひとつの作業の流れとその工程、役割分担などが必要となってくる。活動の幅を広げていくといろいろなメニューが考えられるが、園芸福祉の活動で大切なのは、①楽しいこと、②美しいこと、③安全なことが基本であり、植物が元気に育ち、それを一緒に楽しむ人がいることを忘れてはならない。

　複数の人数でプログラムを立てることは意見が合わなかったり、時間がかかったりすることもあるが、ひとりでは考えつかないようなアイデアが出てきたり、いろんな角度からの視点や考え方を学ぶチャンスでもある。コンセプトを皆で考え共有することが大切なのである。そして実行後は振り返りをして次へのステップへとつなげていっていただきたい。

203

ペットボトルの立体花壇づくりでの留意点

　障がい者や高齢者とおこなうこの活動には多くの要素が含まれる。一人ひとりで仕上げる行程とみんなでひとつの物を作り上げていく行程から生まれる達成感と協調性。立体花壇という特殊なガーデニングテクニックとペットボトルというリサイクル資材を利用した容器づくりのアイデアとその作業工程には、道具もいろいろ登場してくる。リサイクル資材を使うとややもすると美しさに欠けてしまう作品になる場合も多いので、デザイン性を考慮するとともに立体であることの安全性、道具の配慮、作業中の安全確保等に留意が必要である。対象者にどこまでのサポートが必要で、どうしたらその人にやってもらえるかを考えて、一緒に作業しているイメージをわかせてプランづくりをしてもらいたい。

　配慮・注意するポイント
①グループ討議はみんなで進められたか
②高齢者との協働作業に配慮した考え方ができたか
③支柱の先の処理
④ワイヤの処理
⑤ペットボトルの口の処理
⑥支柱の安定性
⑦足元の安全性
⑧作業中の道具（はさみ・カッター）の置き場
⑨車椅子の人の視点を考える
⑩手を伸ばして届く位置にあるか
⑪メンテナンスが簡単にできるか
⑫植物の使い方
⑬デザイン・色彩的工夫
⑭グループのみんなでできたか

ペットボトルの使い方にはいくつものデザインが考えられるが、植物をそこで育てていくということを忘れないで作製していくことが必要である。支柱の組み方、使い方もチームのアイデアが反映できるところである。骨組みだけでなく、実際に植物が植わったペットボトルがつり下げられることも考え、バランスと重心がしっかりと固定されるよう留意する。水やりした後のペットボトルの重量はかなり重くなるので支柱のしなり具合なども実際に試してみよう。また支柱の先の処理にも気を配ること。極端に突き出ていると衣服に引っかけたり、高さによっては目などにぶつかる危険性もある。後々の管理も頭に入れておく。

　この立体花壇のデザインを考えるときその構成要素として①バランス②ハーモニー③リズムという3つのポイントがある。ひとつめのバランスというのは均衡・つり合いがとれていること。必ずしも対称であるということではないが、プロポーション（割合・比率）よく組み立てていくとよい。ふたつめのハーモニーとはまとまり、調和ということで、形や構成、環境、色彩など、どのような素材をどう組み合わせるかを考える。最後のリズムは動きである。ハンギングならではの動きと空間のとり方も美しさをつくりだす要因である。

　作業に夢中になっていると忘れがちなのは時間である。ゆったりした活動プランも必要だが、時間とお金はあればあるだけ使えてしまうので、ある程度集中する時間を決めてみよう。　　　　　　　　　（近藤まなみ）

2 年間を通して楽しむ園芸福祉――(4)

飾る・利用する クラフトのアイデア

　園芸福祉活動は、園芸作業だけではなく、持ち帰って家族に自慢したり、プレゼントしたり、部屋に飾るなどのクラフトも取り入れることにより、さらに充実した活動になる。また、農地があればそれに越したことはないが、工夫次第では、土地がなくても、施設や多額な費用を準備しなくてもできる活動もある。あるいは、準備していたプログラムが雨天により外での活動ができないことも想定される。したがって、どのような状況にも対処できる方法を身につけておく必要もある。そこで、いつでも誰でも簡単に活用できるクラフトや関連のアイデアを記す。

リーフ・ネームプレート

　材料：葉、修正ペン、両面テープ（接着力の強いものがよい）

　初対面の人と園芸福祉活動をする場合、緊張して声もかけられず、スムーズに活動を始められないことがある。また、何度活動をしても名前を覚えられず、つい「おじいちゃん」、「おばあちゃん」と呼びかけてしまう。そんなときにこのリーフ・ネームプレートが役立つ。

　活動開始前に形や大きさの違う葉を用意して、裏に両面テープを貼り、机に広げておく。活動開始時に参加者が1枚を選び、表に修正ペンで名前を書く。子供たちの場合には親に書いてもらうのもいいが、絵を描く

第5章　誰もが楽しめるプログラム

リーフ・ネームプレートのつくり方

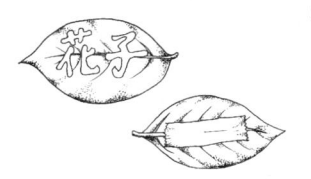

リーフ・ネームプレート
葉の裏面に両面テープを付け、表面に修正ペンで名前を書く

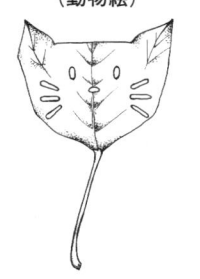

リーフ・ネームプレート（動物絵）
カクレミノなど葉中央を裏に折り両面テープを貼る。表面に動物の絵を描く

リーフ・ネームプレートのループタイ
厚紙またはプラスチック板に2カ所穴を開け、ひもを通してループタイにする。板にリーフ・ネームプレートを貼る

のも一案である。胸に貼ると自然の葉を生かしたその人だけのおしゃれなネームプレートになる。

　プラスチック製のネームプレートでは角やピンで傷をつけることもあり、画一的で堅苦しいイメージがある。しかし、葉であれば和やかになり、「何の葉だかわかる？」などと声かけをすることにより、初対面の人との距離を縮め、活動がしやすくなる。

　葉は、活動中つけておくことが望ましいので、萎れないようツバキなど硬くて厚い葉を使うのが望ましい。秋には紅葉をした葉を使うとさらに季節感を味わえ、風情が楽しめる。準備する人もあらかじめ植物の名前だけでなく、その葉にかかわる事柄を調べておくと、さらに会話をふくらませることができる。修正ペンは太めのものを用意しておくといい。万一、修正液が手についてもマジックと違い水で洗い落とせる利点がある。

　また、カラフルなひもで首から下げるようにループタイ仕様にするといっそう素敵なネームプレートになる。さらに、使う葉をちょっと工夫することによって、動物を表現することもでき遊び心いっぱいのリーフ・ネームプレートとなり、これだけでもひとつの活動にすることがで

フタ・アレンジのつくり方

ペットボトルのフタにオアシスをくくりつけ、花を切ってアレンジをする

みんなのフタ・アレンジを集合

きる。

ペットボトル・フラワー

[フタ・アレンジ]

材料：花、ペットボトルのフタ、オアシス

　生け花で使用するオアシスを1cmの厚さに切り、ペットボトルのフタの内側を押しつけると、オアシスをフタにくくり取ることができる。水を含ませると簡単な花台になり、小さなフラワーアレンジを楽しむことができる。また、各人がつくったものを1カ所に集めると、大きなフラワーアレンジとなる。

[ペットボトル・フラワースタンド]

材料：花、ペットボトル、オアシス、カッターナイフ、
　　　セロテープ、釣り糸、キリ

　ペットボトルの側面をコの字型に切り、切り口は透明なセロハンテープを貼ってケガをしないようにしておく。内側中央に木工用ボンドでオアシス入りのフタを固定する。花をアレンジするとペットボトル内部に花をすっぽり入れたようになり、思わず「どうなっているの」と感動を与えることになり、五感を刺激するたいへんよいクラフトになる。アレンジする花が大きかったり、たくさんあると感動はより大きくなる。

ペットボトル・フラワースタンドのつくり方

ペットボトルの側面を半分コの字に切る

フタアレンジを中央内部に接着する。
フタに釣り糸を付け、天井から吊るす

　花からするとかなり密閉した容器に入れることになり、長く花を楽しむことができる。施設や病院などでは、場所を取らずに花を飾ることができるとともに、間違って異食行為をする参加者にはペットボトルから花を取ることができず、異食を防ぐことにもなる。
　さらに、ペットボトルのフタに小さな穴を開け、釣り糸を通して天井や壁にぶら下げると花の入ったペットボトルが空中に浮いた状態に見え、見慣れない光景にさらなる驚きを与えることになる。
　［ペットボトルひな人形］
　　材料：花、ペットボトル、カッターナイフ、キリ、
　　　　　カラービニールテープ（赤・黄・緑の３色）、ドングリ、
　　　　　修正ペン、サインペン、クマザサ
　ペットボトルの側面を切り取り、上下を色ビニールテープで固定する。他の色ビニールテープ２色を５ミリ間隔で交互に貼り付けるとひな壇のようになる。フタをして上部にドングリ人形を接着する。ドングリはあ

ペットボトルひな人形のつくり方

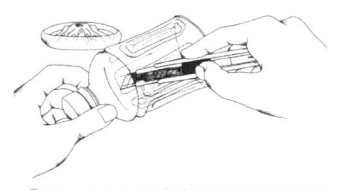

①ペットボトル中央側面を切り取る

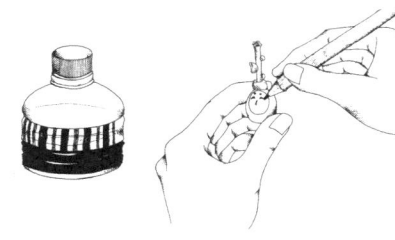

ひな壇
②ビニールテープでひな壇模様にする

ドングリ人形
③ドングリを修正ペンで白く塗りサインペンで顔を描く

④ひな人形にクマザサの葉を巻く。ペットボトルの肩に穴を開けて花を挿すと一輪挿しになる

らかじめ修正ペンで白く塗り顔を描いておく。ドングリ人形を包むようにクマザサを巻き付けると着物のようになる。ドングリの頂点には殻斗（ドングリの殻）などをかぶせると、表情の違ったさまざまなお人形ができる。ペットボトルの肩に穴を開け栽培をした花を挿すと一層おしゃれな一輪挿しひな人形になる。ひな祭りのときにぴったりの活動であるが、一年中使えるクラフトでもある。

　前述のペットボトル・フラワースタンドであっても、ペットボトルの側面をカッターナイフでU字に切り、外側から花を挿す。切ったペットボトルの部分が挿した花を軽く固定することになるので、切り込みは深くしないほうがいい。ペットボトルの外に花が飾られるので異食防止にはならないが、たくさん挿すことによりボリューム感たっぷりのフラワーアレンジとなり、前述のように釣り糸でぶら下げるとフラワー・ハンギングボールのようにもなる。

（伊東　豊）

寄せ植え・ハンギング

同じ植生で栽培管理が似たものをひとつの容器に植えることが大切。美しく飾るためには、色のバランスや質感の組み合わせを考え、植物が容器の中で育っていくことを考慮したい。個性が反映されるプログラムのひとつである。

押し花

押し花は誰でもいつでも気軽にできるプログラムのひとつである。季節に合わせた植物を採取することで子供たちなどには絶好の自然観察になるうえに、植物の部分的な構造をじっくりと見る機会にもなる。

葉や花びらの形、萼(がく)や雌しべ雄しべのつき方などを作業しながら確認できるようにうながしたり、それらにかかわる話に話題を広げると、思いがけない学習の場となりうる。

ドライフラワー・リース

材料を自分たちで採取したり、つくった物を利用するようにすると、園芸福祉活動の幅が広がる。

ハーブの利用

[ハーブティーの入れ方]
①ハーブを摘んでさっと水洗いする。
②ハーブを手で粗くちぎってポットに入れる。
③熱湯を注いで蒸らす。※火にかけて煮立たせないこと！
④カップに注いで出来上がり。
⑤初めての方は紅茶に1枚ハーブの葉を入れることから始めたい。

（近藤まなみ）

ドライフラワーリースのつくり方

① 花を切り取る

② 小束に束ねて風通しのよい所で日陰干しする。ハンガーなどを利用するとよい

③ つるを丸くリース型に丸める

④ 吊りひもをつける

⑤ ドライフラワーをつるの間に差していく

⑥ ボンドやグルーガン、ワイヤなどで固定する

⑦ リボンをつけてでき上がり

『やすらぎのガーデニング』（近藤まなみ著、創森社）より

第5章 誰もが楽しめるプログラム

ハーブバス

①木綿や目の細かいガーゼの袋にハーブを入れる

②口をしっかり結ぶ

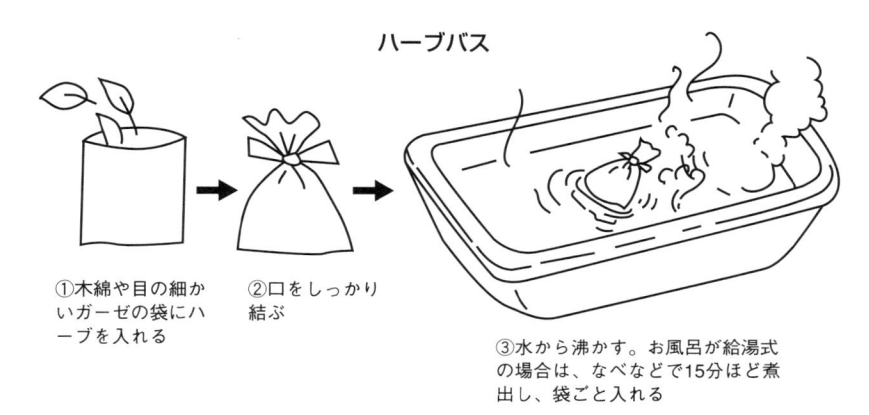

③水から沸かす。お風呂が給湯式の場合は、なべなどで15分ほど煮出し、袋ごと入れる

フットバス、ハンドバス

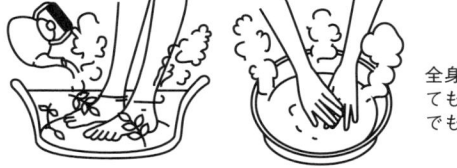

全身お湯につからなくても手足などの部分浴でもOK

ハーブの利用いろいろ

リース・ポプリ

化粧水

石鹸

ろうそく

虫よけ

『やすらぎのガーデニング』(近藤まなみ著、創森社)より

213

日本園芸福祉普及協会の人材養成講座と資格制度の概要

＜活動の普及を担う初級園芸福祉士は全国的な広がりへ＞

地域のなかで園芸福祉の活動を普及する人材育成を目的に、実践するうえで必要と思われる全般的な知識・ノウハウを修得してもらう初級園芸福祉士養成講座。２００２年５月に三重県でスタートして以来、北海道、岩手県、福島県、群馬県、千葉県、埼玉県、東京都、新潟県、長野県、静岡県、岐阜県、愛知県、三重県、和歌山県、福井県、京都府、大阪府、兵庫県、岡山県、広島県、島根県、福岡県、熊本県、長崎県、沖縄県などで開講、５，０００名以上が受講しています。全国各地で活動する初級園芸福祉士は、４，０００名近くになっています。

居住地	総計		一般		認定校	
都道府県	人数	順	人数	順	人数	順
岐阜県	296	1	255	1	41	4
静岡県	277	2	243	2	34	6
広島県	265	3	206	4	59	3
三重県	251	4	176	7	75	2
新潟県	213	5	213	3		
福岡県	187	6	174	8	13	8
京都府	186	7	186	5		
東京都	182	8	181	6	1	
長野県	160	9	160	9		
群馬県	152	10	64	20	88	1
大阪府	147	11	147	10		
愛知県	144	12	142	11	2	
岡山県	140	13	140	12		
神奈川県	111	14	70	17	41	5
兵庫県	106	15	106	13		
全国計	3,672		3,281		389	

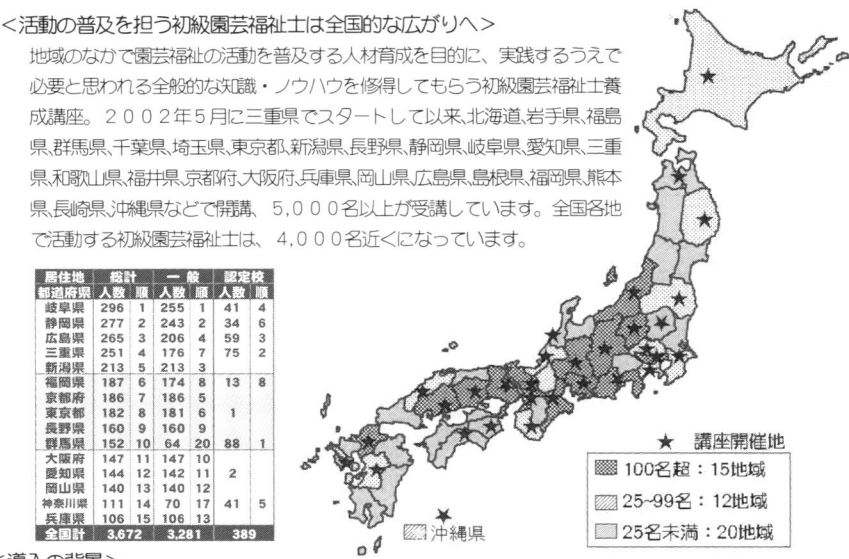

★ 講座開催地
■ 100名超：15地域
▨ 25〜99名：12地域
□ 25名未満：20地域

＜導入の背景＞

協会設立当初、全国各地から、地域サービスやコミュニティづくりに向けて園芸福祉活動を導入するための普及・啓蒙や人材養成への要請が数多く出ました。

そうした背景もあり、日本園芸福祉普及協会では園芸福祉の活動を円滑に推進し、地域に根付かせ、大きな輪に育てていくコーディネーター役としての役割を担える人材養成を目指して２００２年から「園芸福祉士」の資格制度の検討に入り、その第一段階として、幅広い園芸福祉活動への理解と知識をもち、地域で実践・普及を進める「初級園芸福祉士」を設けました。資格取得にあたっては、実践に必要な知識とノウハウを修得する「初級園芸福祉士養成講座」を全国各地で開催しています。

そして、2009年には、キャリアアップ資格となる「園芸福祉士」も導入しています。

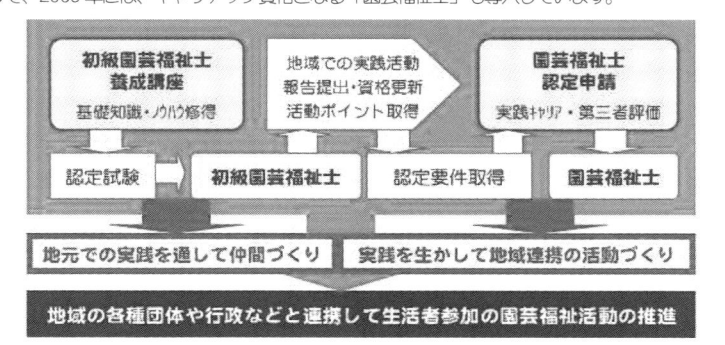

```
初級園芸福祉士        地域での実践活動        園芸福祉士
養成講座     →     報告提出・資格更新   →   認定申請
基礎知識・ノウハウ修得    活動ポイント取得        実践キャリア・第三者評価
    ↓                    ↓                    ↓
 認定試験  →  初級園芸福祉士  →  認定要件取得  →  園芸福祉士
```

地元での実践を通して仲間づくり｜実践を生かして地域連携の活動づくり

地域の各種団体や行政などと連携して生活者参加の園芸福祉活動の推進

<初級園芸福祉士養成講座>

　　資格取得にあたっては、協会認定の20～24時間のカリキュラムに基づいた「初級園芸福祉士養成講座」を修了し、受験資格を得る必要があります。そのうえで年1回の（毎年2月を予定）の資格認定試験の合格者を対象に認定します。
　　初級園芸福祉士養成講座は、すでに、延べ30都道府県以上で開催されており、5,000名以上が受講しています。講座の概要を紹介します。

(開催方法) 開講を希望する団体に開催事務局をもうけて受講者を募集して開講する方式、自治体や団体から一括受託する方式のいずれかで開催しています。期間は、(1) 土日2日間の2回コース、(2) 土曜日5回コース（2～3週おき）、(3) 平日ないし土曜3回コース、(4) 3日間連続コース、それ以外にも農業課程のある学校での授業導入コース、などが開催されています。

(開催実績) 2003～2009年で開講した主な講座は以下の通りです。

◆ 開催事務局方式／土・日2回コース：福島県郡山市（財托法人）、静岡県静岡市（県協力）、愛知県名古屋市（民間企業）、三重県名張市（市協力）、京都府京都市（NPO法人：府・市協力）、大阪府高槻市（NPO法人）、岡山県岡山市（農業高校）、福岡県古賀市（市協力）沖縄県糸満市（福祉施設）、3日連続コース：三重県松阪市

◆ 一括受託方式／土曜日5回：岐阜県（県事業）、土・日2回：北海道美唄市（短期大学）、岩手県盛岡市（県事業）、千葉県野田市（NPO法人）、広島県広島市（JA広島）、広島県庄原市（JA庄原）

(カリキュラム) 各地域に合わせた園芸福祉活動を展開するうえで必要と思われる以下のような知識や実践ノウハウの修得する講義をグループ方式の受講者参加型で協会編の園芸福祉のすすめを教本に進めていきます。

・園芸福祉の基本的な理解／園芸福祉の概念、植物・自然、そして園芸作業のもつ心身への効果、地域・コミュニティづくりへの効果など、園芸福祉の暮らしや社会でのあり方や可能性を知る

・生活者を含め幅広い層が対象である／家庭や地域での位置付け、生涯現役や青空デイサービスなど高齢者対策、ストレスや各種障害における園芸など、様々な人達が対象であることの理解

・展開する地域やシステムの可能性／グリーンツーリズム・市民農園などの都市と農村を結ぶ活動、コミュニティ・公園づくりでの活動、施設・病院医療機関における療法的分野の活動など

・実践するためのノウハウやカリキュラム／植物の育て方、高齢者を含め心身への良い効果をもたらす造園・花壇・色彩・クラフトのあり方・作り方のカリキュラムづくりや屋内外での実地研修

・活動の運営マネジメント／活動を導入するための準備、計画づくり、運営管理やボランティアの受け入れと対応など、活動を持続性や発展性を持ちながら円滑に推進するためのノウハウ

(講義の進め方) 講師による講義とあわせ、受講者参加によるグループ討議や共同作業、各グループで制作した作品の発表などを通して、実践段階で活用できる仲間づくり、情報やノウハウの共有につながる講義形態をとっています

1.講義：パワーポイントで説明

2.グループ討議：計画づくり

3.実習：モデルガーデンづくり

4.発表：各グループ作品内容発表

(自治体や団体での初級園芸福祉士養成講座の活用) 地域へ園芸福祉活動の普及を進めている自治体や団体の人材育成を初級園芸福祉士養成講座のカリキュラムで実施しています。

・岐阜県：園芸福祉サポーターの養成／県の事業として進めている各種施設で園芸福祉活動を実践するボランティア育成

・長野県駒ヶ根市：花と緑のサポーターの養成／市施行の区画整理事業のなかで計画されている公園の維持管理を担うボランティア養成

・JA 広島中央会：デイサービススタッフの研修／JA 広島が展開しているデイサービス事業のスタッフ研修

(高校以上での初級園芸福祉士養成講座の授業導入モデル認定校システム）次世代を担う若者たちにも園芸福祉活動への理解と参加を得るため、農業課程のある高校、2年生の短大・専門学校、4年制大学の授業に所定のカリキュラムを導入してもらうモデル認定校システムもあります。2006年度では、北海道・青森県・群馬県・静岡県・岐阜県・広島県・福岡県などの学校で導入されています。

<初級園芸福祉士の資格認定と活動>

資格認定は、前述したように年1回の資格認定試験が実施され、回答・記述問題で以下のような点を中心に審査され、合格後に資格登録をした方には資格認定証書と認定証が渡され、地域で様々な園芸福祉活動を進めてもらいます。

- 家庭でのガーデニングだけでなく、地域の幅広い人達と園芸福祉活動を通して地域コミュニティや街づくりにつなげるための基礎的な知識やノウハウの修得度
- 将来的に園芸や農芸を通した様々な活動のリーダー的な役割を担えることを前提に、活動に参加および運営するうえで必要な基礎能力や意欲のレベル

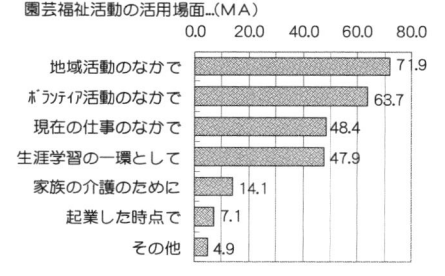

園芸福祉活動の活用場面…（MA）

活用場面	%
地域活動のなかで	71.9
ボランティア活動のなかで	63.7
現在の仕事のなかで	48.4
生涯学習の一環として	47.9
家族の介護のために	14.1
起業した時点で	7.1
その他	4.9

右グラフは2009年の資格登録者の方々が、実践したいと考えている分野です。

（資格登録後の活動）初級園芸福祉士は、園芸福祉活動を地域に普及するための取り組みを日常の仕事のなか、あるいは、仲間やグループを作って進めてもらいますが、協会は情報交換や交流・スキルアップ・発表の場の提供などの支援を行っています。そのいくつかを紹介すると

- 園芸福祉全国大会や園芸福祉シンポジウムの開催／大会の案内とあわせ、初級園芸福祉士による活動事例発表者の紹介。
- フォローアップ研修会の開催／各地域の初級園芸福祉士の参加による事例発表会を開催して情報共有や交流、地域での園芸福祉活動普及の促進
- 活動事例やプログラム提案集などの小冊子発行／活動プログラム作成の参考としてもらうため、初級園芸福祉士が全国各地で展開している活動事例を中心に紹介。
- 実践活動の場の確保・創出／全国各地で開催する講座、自治体や各種団体からの受託事業（農林水産省など5省庁横断のモデル調査事業、日本橋ロータリークラブとの高齢者や児童との園芸福祉活動など）へのスタッフ参加、園芸福祉士の配置を目指す「園芸福祉の里」づくり推進など

（地域自治体の資格と連動した初級園芸福祉士資格）各地の自治体が独自に定めた資格制度（岐阜県／岐阜県園芸福祉サポーター、福岡県／花のアドバイザー、長野県駒ヶ根市／花と緑のサポーター、など）と全国レベル資格である初級園芸福祉士と連携したダブルライセンス制も登場しています。

217

日本園芸福祉普及協会の法人概要と活動案内

園芸福祉を始めよう

会長　進士　五十八
(東京農業大学教授・前学長)

花や野菜を育てて、みんなで幸せになろう。
一言でいえば、これが園芸福祉である。
　私たちはこれまで、お金をいっぱい持つことで、幸せを得ようと考えてきた。いわば、経済福祉である。
　私は、これからは環境福祉の時代だと考えている。より良い環境のもと、豊かな自然や歴史文化とふれあいながら、ゆったりとした時間を過ごす。しかもそれは、色んな仲間たちと交わる楽しさ込みの幸せだ。
　園芸福祉は、環境福祉施策で最良のもの。大きなムーブメントに育って欲しいと願っている。　　　(園芸福祉入門：序文より)

日本園芸福祉普及協会設立の経緯～任意団体からNPO法人へ

　植物は、太古の時代から人類と共生し、衣・食・住をはじめ人間生活の幅広い分野にその恩恵をもたらしてきました。そして時代は、モノの消費を中心とした社会から自然や環境と共生を目指す循環型社会への移行に迫られています。

　日本園芸福祉普及協会は、2001年4月、植物と接することや園芸・農芸作業によってもたらされる幅広い効果を見直し、社会の様々な分野に生かす活動を普及することを目的に設立。その後、厚生労働省・農林水産省の後援を受けて「第1回園芸福祉全国大会in三重」を地元実行委員会と共催しました。

　2002年4月には、任意団体を特定非営利活動法人（NPO法人）に改組。その後も、長崎・北海道・静岡・福岡などで園芸福祉全国大会を開催、シンポジウム・事例発表会などの普及・啓発、すでに5,000名近くが受講した初級園芸福祉士養成講座での人材育成活動、公的機関などからの調査研究活動、園芸福祉の入門書となる書籍や会報の発行など広報活動など、活動の輪は全国的な広がりをみせてきています。

■特定非営利活動の種類
(1)保健、医療又は福祉の増進を図る活動　(2)社会教育の推進を図る活動　(3)まちづくりの推進を図る活動　(4)環境の保全を図る活動　(5)災害救援活動　(6)地域安全活動　(7)人権の擁護または平和の推進を図る活動　(8)国際協力の活動　(9)男女共同参画社会の形成の促進を図る活動　(10)子どもの健全育成を図る活動　(11)経済活動の活性化を図る活動　(12)職業能力の開発又は雇用機会の拡充を支援する活動　(13)以上の活動を行う団体の運営又は活動に関する連絡、助言又は援助の活動

園芸福祉の活動とは

いま、なぜ園芸福祉～家庭のガーデニングから、地域のファーミングへ

２００５年に当協会が実施した首都圏主婦を対象にしたアンケート調査（５５０サンプル）では、草花の栽培やガーデニングは 90％近くの家庭で行われており、地域への花や緑の普及活動には 80％以上が何らかの関心、生活者が参加して交流の輪を広げていく活動には 60％強が参加意欲を持っています。

家庭内で草花を栽培し楽しむ段階から、食や老後の健康保持、近隣交流、さらに街づくりや都市と農村の交流など、暮らしの幅広い分野に積極的に生かし役立てたいとの期待が窺えます。

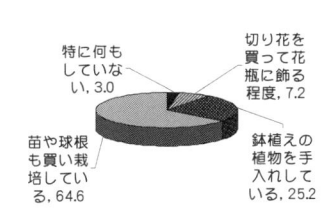

- 特に何もしていない, 3.0
- 切り花を買って花瓶に飾る程度, 7.2
- 鉢植えの植物を手入れしている, 25.2
- 苗や球根も買い栽培している, 64.6

園芸福祉活動の目的

青空のもと、様々な場所で営まれる植物の種子～発芽～成長～開花～結実～収穫というプロセスに幅広い年代の人々が参加して、植物と接し栽培する楽しみや喜びを共有することが園芸福祉活動です。

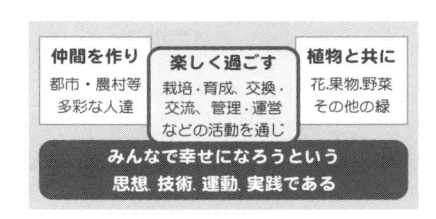

仲間を作り	楽しく過ごす	植物と共に
都市・農村等 多彩な人達	栽培・育成、交換、交流、管理・運営 などの活動を通じ	花,果物,野菜 その他の緑

みんなで幸せになろうという 思想, 技術, 運動, 実践である

活動の分野と可能性

園芸福祉の活動は、代替治療の分野から環境保全や地域・街づくり、さらに、情操教育や生涯学習,高齢者や障がい者福祉まで、幅広い分野での活用が考えられます。それも、それぞれの家庭ばかりでなく近隣や地域社会のなかで、人々と交流しながら、楽しい時間の過ごし方や、それを体感できる場所や空間を作りあげていく活動です。

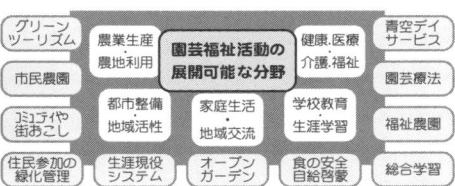

園芸福祉活動の展開可能な分野

- グリーンツーリズム
- 農業生産 農地利用
- 健康.医療 介護.福祉
- 青空デイサービス
- 市民農園
- 園芸療法
- コミュニティや街おこし
- 都市整備 地域活性
- 家庭生活 地域交流
- 学校教育 生涯学習
- 福祉農園
- 住民参加の緑化管理
- 生涯現役システム
- オープンガーデン
- 食の安全 自給啓発
- 総合学習

219

日本園芸福祉普及協会の主な活動

◆普及・啓発関連の活動

園芸福祉全国大会の開催／園芸福祉の全国的な普及を目指し、農林水産省、厚生労働省、全国農業協同組合中央会、地元の県や市などの後援を受け、地元実行委員会と共催で開催しています。

第1回(01年/三重県)、第2回(02年/長崎県)、第3回(03年/北海道)、第4回(04年/静岡県)、第5回(05年/福岡県)、第6回(07年/岐阜県)、第7回(09年/東京都)

全国各地から行政・福祉・農園芸・医療・教育・都市計画など幅広い分野から参加を得ています。

シンポジウム・実践事例発表会の開催／当協会活動を広く認知・理解を高めると同時に、園芸福祉の社会化を目指し、各地で展開されている先進的な活動事例・協会認定の初級園芸福祉士の実践事例の報告などを通した意見交換や交流の機会も設けています。人・実践の場づくりなどを含め、園芸福祉活動が都市や農村など幅広い地域で普及・実践につながる情報発信の場となっています。2008年度の初級園芸福祉士実践事例発表会は、全国9会場で開催、700名以上の方々が参加しています。

現地視察研修の開催／国内ばかりでなく、海外の有機栽培や各種福祉活動に取り組んでいる農場、市民農園や園芸福祉活動を導入した施設、住民参加で地域緑化や高齢者・障がい者福祉に取り組んでいる地域などを訪れ、植物や園芸を通じた園芸福祉の地域づくりへの海外視察研修(2006年にはイギリス・ドイツ視察研修)も行っています。

◆人材育成関連の活動

園芸福祉講座の開催／園芸福祉活動の普及・啓発とあわせ、園芸福祉士の養成や園芸福祉に関する基礎知識や実践ノウハウ修得を目的とした講座を開催しています。

◆**園芸福祉啓蒙講座**／2時間程度の講義と実習で園芸福祉の概念や活動の理解と実践する楽しさや効果を体験してもらう講座です。(講師派遣も行っています)

◆**初級園芸福祉士養成講座**／園芸福祉の実践活動を地域のなかで円滑に推進するうえで必要と思われる全般的な知識や実践ノウハウを修得してもらい、地域に根付かせ、大きな輪に育てていく役割を担える人材養成を目的としています。講座開催は協会主催、地方自治体や大学公開講座との共催、農業高校・短大・専門学校の授業導入など、全国各地で地域の状況に合わせた開催をしています。

初級園芸福祉士資格認定制度／資格の認定は、20〜24時間のカリキュラムによる協会認定の初級園芸福祉士養成講座の修了者を対象に、年1回(毎年2月)の資格認定試験に合格、地域での実践を希望する方を認定。2009年には、約4,000名の初級園芸福祉士が全国47都道府県で活動しています。

全国で4,000名以上が受講した園芸福祉士養成講座での実習風景です。

◆調査・研究関連の活動

　２００５年１０～１２月にかけ、首都圏主婦５５０名を対象に「家庭のガーデニングから、地域のファーミングへ～園芸福祉への関心と可能性を探る」をテーマとしたアンケート調査を実施。協会独自の調査と合わせ、厚生労働省・農林水産省・国土交通省・環境省・林野庁の５省庁連携で実施した「健康増進プロジェクト」の調査事業の受託など、調査・研究事業も進めています。

◆広報関連の活動

　活動の理解と普及につなげるため、２００２年に園芸福祉活動の入門書「園芸福祉のすすめ」（創森社／１，６００円・消費税込）、０４年には実践事例中心の「園芸福祉をはじめる」（創森社／２，０００円・消費税込）、０６年には全国認定者の７２事例を集めた「園芸福祉実践の現場から」（創森社／２，７３０円・消費税込）、０７年には、新たな園芸福祉活動の入門書「園芸福祉入門」（創森社／１，６００円・消費税込）などを出版しています。

　また、会員や関心者に向けた会報誌「園芸福祉ＮＯＷ」、初級園芸福祉士の提案プログラム集の発行などにより、会員の情報交換や活動報告、先進事例を紹介しています。

事業・役員等 (定款より抜粋)

■ 事業の種類
(1) 植物に接することや園芸・農芸作業を通して地域福祉の充実やコミュニティの育成につなげる活動を普及・啓発する事業
(2) 植物に接することや園芸・農芸作業を通して各種施設や地域づくりを推進する事業
(3) 植物に接することや園芸・農芸作業を通して、障がい者や高齢者などのリハビリや健康回復・社会的自立を支援する事業
(4) 上記１～３の現場で求められる人材の育成や園芸福祉士の資格制度に関する事業
(5) 国内外を含め花や緑の普及団体などとのネットワーク形成や連携を促進する事業
(6) 地域の絶滅危惧植物の保護活動や生産活動を支援する事業
(7) 上記１～６にかかわる調査企画・研究開発やそれらの受託事業
(8) 会報誌の発行やホームページ作成を通しての情報提供事業

■ 役職・役員　(2009.07.01現在)

役員			
会　　　長	進士五十八	（東京農業大学教授・前学長）	
副　会　長	近藤 龍良	（フラワービレッジ倉渕生産組合理事長）	
理　事　長	吉長 成恭	（広島国際大学医療福祉学部教授）	
専 務 理 事	粕谷 芳則	（日本クラインガルテン研究会事務局長）	
理　　　事 （あいうえお順）	石神 洋一　井石 八千代　伊東　豊　大野 新司　賀来 宏和　家老　洋 齋藤 京子　高松 雅子　谷口 博隆　田村　亨　戸澤 昭良　服部　勉 野尻　真　前川 良文　溝川 長雄		
監　　　事	相田　明　伊藤 修治		

■ 会　費　　＜入会金＞　個人：５，０００円　　団体：１０，０００円
　　　　　　＜年会費＞　個人：５，０００円　　団体：３０，０００円

■ 事務局　〒162-0063　新宿区市谷薬王寺町58-204
　　　　　ＴＥＬ　03-3266-0666　　ＦＡＸ　03-3266-0667
　　　　　E-mail：kyoukai@engeifukusi.com

主な参考文献

『緑のまちづくり学』（進士五十八著、学芸出版社）
『農の時代〜スローなまちづくり〜』（進士五十八著、学芸出版社）
『アメニティ・デザイン〜ほんとうの環境づくり〜』（進士五十八著、学芸出版社）
『風景デザイン〜感性とボランティアのまちづくり〜』（進士五十八著、学芸出版社）
『日本の庭園〜造景の技とこころ〜』（進士五十八著、中公新書）
『園芸療法を探る〜癒しと人間らしさを求めて〜』（松尾英輔著、グリーン情報）
『アマチュア園芸論〜身近な園芸の哲学〜』（松尾英輔著、私家版）
『園芸療法のすすめ』（吉長元孝・塩谷哲夫・近藤龍良編、創森社）
『社会福祉学原論』（岡村重夫著、全国社会福祉協議会）
『自治型地域福祉の展開』（右田紀久恵編著、法律文化社）
『人間であること』（時実利彦著、岩波書店）
『ジェネラネスト・ソーシャルワーク研究〜人間：環境：時間：空間の相互作用〜』（佐藤豊道著、川島書店）
『地域経営型グリーン・ツーリズム』（井上和衛ほか著・都市文化社）
『ソーシャル・バリアフリーのまちづくり』（越川秀治著・都市文化社）
『ケアガーデン・バリアフリーの緑地環境設計マニュアル』（越川秀治著、都市文化社）
『彩の国バリアフリー建築カレッジ・テキスト』（越川秀治ほか著、埼玉県住宅都市部建築指導課）
『生活の中の市民農園をめざして』（廻谷義治著・私家版）
『市民農園のすすめ』（千葉県市民農園協会著、創森社）
『ひとはなぜ自然をもとめるのか』（山口昌男ほか著、三田出版会）
『癒しのガーデニング』（近藤まなみ著、創森社）
『やすらぎのガーデニング〜育てる・彩る・楽しむ〜』（近藤まなみ著、創森社）
『新編　色彩科学ハンドブック』（日本色彩学会編、東京大学出版会）
『サクセスフルエイジング「老化を理解するために」』（東京都老人研究所編、ワールドプランニング）
『四季の花色図鑑』（講談社）
『平成12年版　国民生活白書』（経済企画庁編）
『「ゆいとり」のしくみ』（谷勝英・中里仁編、中央法規）

『しあわせをよぶ園芸社会学〜生活を豊かにする植物と園芸の活用術〜』（ダイアン・レルフ編、佐藤由巳子訳、マルモ出版）
『心へのアプローチ　園芸療法入門』（ミッチェル・ヒューソン著、菅由美子監訳、升井めぐみ訳、エンパワメント研究所）
『大事なことはボランティアで教わった』（牟田悌三著、リヨン社）
『ボランティアを高く評価する社会』（堀田力＋さわやか財団企画・協力、松岡紀雄編著）
『イギリスにおける園芸セラピー』（日本緑化センター）
『アメリカにおける園芸セラピー』（日本緑化センター）
『アメリカ西海岸・カナダにおける園芸セラピー』（日本緑化センター）
『人にやさしい公園づくり〜バリアフリーからユニバーサルデザインへ〜』（浅野房世・亀山始・三宅祥介著、鹿島出版会）
『園芸作業入門』（主婦と生活社）
『ガーデニング　コツのコツ』（小学館）
『超初心者のためのガーデニング』（主婦と生活社）
『植物の神秘生活』（P.トムプキンス・C.バード著、新井昭廣訳、工作社）
『レジャー白書』（自由時間デザイン協会）
『庭仕事の愉しみ』（ヘルマン・ヘッセ著、V.ミヒェルス編、岡田朝雄訳、草思社）
『園芸福祉のすすめ』（日本園芸福祉普及協会編、創森社）
『実践事例　園芸福祉をはじめる』（日本園芸福祉普及協会編、創森社）
『園芸福祉　実践の現場から』（日本園芸福祉普及協会編、創森社）

＊書籍のみ紹介、順不同

◆執筆者プロフィール＆分担一覧

＊本文掲載順。所属先、役職名などは2007年4月現在（協会の役職名は2010年2月現在）

進士五十八（しんじ いそや）
1944年、京都府生まれ。東京農業大学教授、日本園芸福祉普及協会会長。5頁～、14頁～、19頁～

吉長成恭（よしなが はるゆき）
1952年、広島県生まれ。広島国際大学医療福祉学部教授、日本園芸福祉普及協会理事長。28頁～、38頁～、47頁～、54頁～、58頁～、78頁～、84頁～、88頁～、125頁～、134頁～、188頁～

大野新司（おおの しんじ）
1945年、千葉県生まれ。日本園芸福祉普及協会理事・事務局長。31頁～、35頁～、60頁～、64頁～、108頁～

近藤龍良（こんどう たつよし）
1935年、愛知県生まれ。フラワービレッジ倉渕生産組合理事長、日本園芸福祉普及協会副会長。31頁～、35頁～、80頁～、180頁～、184頁～

松尾英輔（まつお えいすけ）
1939年、福岡県生まれ。東京農業大学教授。42頁～

遠藤文雄（えんどう ふみお）
1941年、宮城県生まれ。前・群馬大学医学部助教授、日高病院参与。50頁～

飯塚光恵（いいづか みつえ）
群馬県生まれ。群馬県立藤岡北高等学校教諭。69頁～

関口弘子（せきぐち ひろこ）
群馬県生まれ。イギリス園芸療法協会（Thrive）認定園芸療法士。72頁～

戸澤昭良（とざわ あきら）
1942年、秋田県生まれ。情景計画研究所代表取締役、日本園芸福祉普及協会理事。94頁～

粕谷芳則（かすや よしのり）
1953年、神奈川県生まれ。日本市民農園連合事務局長、日本グリーンツーリズム・ネットワークセンター副代表理事、日本園芸福祉普及協会専務理事。102頁～

廻谷義治（めぐりや よしはる）
1938年、東京都生まれ。日本市民農園連合会長。112頁～

青木辰司（あおき しんじ）
1952年、山形県生まれ。東洋大学社会学部教授、日本グリーンツーリズム・ネットワークセンター代表理事。119頁～

新谷和昭（しんたに かずあき）
1965年、三重県生まれ。三重県立相可高等学校教諭（園芸担当）、植える美ing理事。129頁～

近藤まなみ（こんどう まなみ）
千葉県生まれ。フラワービレッジ倉渕生産組合理事、日本園芸福祉普及協会認定講師。134頁～、138頁～、146頁～、151頁～、160頁～、198頁～、202頁～、211頁～

前川良文（まえがわ よしふみ）
1951年、三重県生まれ。花みどりの里代表理事、日本園芸福祉普及協会理事。159頁～

高松雅子（たかまつ まさこ）
広島県生まれ。広島国際大学医療福祉学部講師、緑の風景理事長、日本園芸福祉普及協会理事。164頁～、168頁～、170頁～、172頁～、174頁～、176頁～

片山一平（かたやま いっぺい）
1957年、京都府生まれ。京都府立桂高等学校教諭・農場長。191頁～

堀江由美（ほりえ ゆみ）
東京都生まれ。スタジオC[25]カラーセラピーデザインハートカラーレクレーションカラーセラピー（青山サロン）主宰、総合色彩コンサルタント、臨床心理カウンセラー。3頁、194頁～

伊東 豊（いとう ゆたか）
1945年、東京都生まれ。東京農業大学成人学校副校長・准教授、日本園芸福祉普及協会理事。206頁～

● 日本園芸福祉普及協会
（JHWA = Japan Horticultural Well-being Association）

　日本園芸福祉普及協会は、2001年4月に幅広い分野の人たちがネットワークを組み、植物や園芸・農芸作業を通じて「心」・「人」・「地域」を育み・結ぶ活動を進め、21世紀における新しい生き方や暮らし方の創造に寄与することを目的に設立。その後、厚生労働省・農林水産省の後援を受け「第1回園芸福祉全国大会in三重」を実行委員会と共催、園芸福祉講習会やクラインガルテン・海外視察研修などを展開してきた。2002年には、特定非営利活動法人（NPO法人）として法人化（吉長成恭理事長）。より信頼の得られる組織として園芸福祉を広く社会に定着させていくことをめざしている。

〈連絡先〉日本園芸福祉普及協会事務局
〒162-0063　東京都新宿区市谷薬王寺町58-204
TEL 03-3266-0666　FAX 03-3266-0667
〈URL〉http://www.engeifukusi.com　e-mail：kyoukai@engeifukusi.com

協会ロゴマーク

園芸福祉入門

2007年 5月22日　第1刷発行
2019年10月16日　第9刷発行

監　修　者——進士五十八　吉長成恭
編　　　者——特定非営利活動法人　日本園芸福祉普及協会
発　行　者——相場博也
発　行　所——株式会社 創森社
　　　　　　　〒162-0805 東京都新宿区矢来町96-4
　　　　　　　TEL 03-5228-2270　FAX 03-5228-2410
　　　　　　　http://www.soshinsha-pub.com
　　　　　　　振替 00160-7-770406
組　　　版——株式会社 明昌堂
印 刷 製 本——中央精版印刷株式会社

落丁・乱丁本はおとりかえします。定価は表紙カバーに表示してあります。
本書の一部あるいは全部を無断で複写、複製することは法律で定められた場合を除き、著作権および出版社の権利の侵害となります。
©Japan Horticultural Well-being Association 2007 Printed in Japan
ISBN978-4-88340-208-3 C0061

〝食・農・環境・社会一般〟の本

創森社　〒162-0805 東京都新宿区矢来町96-4
TEL 03-5228-2270　FAX 03-5228-2410
http://www.soshinsha-pub.com
＊表示の本体価格に消費税が加わります

ミミズと土と有機農業
中村好男 著　A5判128頁1600円

薪割り礼讃
深澤光 著　A5判216頁2381円

すぐにできるオイル缶炭やき術
溝口秀士 著　A5判112頁1238円

病と闘う食事
境野米子 著　A5判112頁1238円

焚き火大全
吉長成恭・関根秀樹・中川重年 編　A5判356頁2800円

玄米食 完全マニュアル
境野米子 著　A5判96頁1333円

手づくり石窯BOOK
中川重年 編　A5判152頁1500円

雑穀つぶつぶスイート
木幡恵 著　A5判112頁1400円

豆屋さんの豆料理
長谷部美野子 著　A5判276頁2200円

不耕起でよみがえる
岩澤信夫 著　A5判112頁1400円

すぐにできるドラム缶炭やき術
杉浦銀治・広若剛士 監修　A5判132頁1300円

竹炭・竹酢液 つくり方生かし方
杉浦銀治ほか 監修　A5判244頁1800円

竹垣デザイン実例集
古河功 著　A4変型判160頁3800円

毎日おいしい 無発酵の雑穀パン
木幡恵 著　A5判112頁1400円

自然農への道
川口由一 編著　A5判228頁1905円

素肌にやさしい手づくり化粧品
境野米子 著　A5判128頁1400円

ブルーベリー全書～品種・栽培・利用加工～
日本ブルーベリー協会 編　A5判416頁2857円

おいしい にんにく料理
佐野房 著　A5判96頁1300円

竹・笹のある庭～観賞と植栽～
柴田昌三 著　A4変型判160頁3800円

自然栽培ひとすじに
木村秋則 著　A5判164頁1600円

育てて楽しむ ブルーベリー12か月
玉田孝人・福田俊 著　A5判96頁1300円

園芸福祉入門
日本園芸福祉普及協会 編　A5判228頁1524円

炭・木竹酢液の用語事典
谷田貝光克 監修　木質炭化学会 編　A5判384頁4000円

割り箸が地域と地球を救う
佐藤敬一・鹿住貴之 著　A5判96頁1000円

育てて楽しむ タケ・ササ 手入れのコツ
内村悦三 著　A5判112頁1300円

育てて楽しむ 雑穀 栽培・加工・利用
郷田和夫 著　A5判120頁1400円

育てて楽しむ ユズ・柑橘 栽培・利用加工
音井格 著　A5判96頁1400円

石窯づくり 早わかり
須藤章 著　A5判108頁1400円

ブドウの根域制限栽培
今井俊治 編　B5判80頁2400円

農に人あり志あり
岸康彦 編　A5判344頁2200円

現代に生かす竹資源
内村悦三 監修　A5判220頁2000円

はじめよう！自然農業
趙漢珪 監修　姫野祐子 編　A5判268頁1800円

農の技術を拓く
西尾敏彦 著　A5判288頁1600円

東京シルエット
成田一徹 著　四六判264頁1600円

玉子と土といのちと
菅野芳秀 著　四六判220頁1500円

生きもの豊かな自然耕
岩澤信夫 著　四六判212頁1500円

自然農の野菜づくり
川口由一 監修　高橋浩昭 著　A5判236頁1905円

菜の花エコ事典～ナタネの育て方・生かし方～
藤井絢子 編著　A5判196頁1600円

ブルーベリーの観察と育て方
玉田孝人・福田俊 著　A5判120頁1400円

パーマカルチャー～自給自立の農的暮らしに～
パーマカルチャー・センター・ジャパン 編　B5変型判280頁2600円

巣箱づくりから自然保護へ
飯田知彦 著　A5判276頁1800円

東京スケッチブック
小泉信一 著　四六判272頁1500円

"食・農・環境・社会一般"の本

創森社 〒162-0805 東京都新宿区矢来町96-4
TEL 03-5228-2270　FAX 03-5228-2410
http://www.soshinsha-pub.com
＊表示の本体価格に消費税が加わります

病と闘うジュース
境野米子著　A5判88頁1200円

農家レストランの繁盛指南
高桑隆著　A5判200頁1800円

ミミズのはたらき
中村好男編著　A5判144頁1600円

野菜の種はこうして採ろう
船越建明著　A5判196頁1500円

いのちの種を未来に
野口勲著　A5判188頁1500円

里山創生〜神奈川・横浜の挑戦〜
佐土原聡 他編　A5判260頁1905円

移動できて使いやすい薪窯づくり指南
深澤光編著　A5判148頁1500円

固定種野菜の種と育て方
野口勲・関野幸生著　A5判220頁1800円

原発廃止で世代責任を果たす
篠原孝著　四六判320頁1600円

さようなら原発の決意
山下惣一・中島正著　四六判280頁1600円

市民皆農〜食と農のこれまで・これから〜
山下惣一・中島正著　四六判280頁1600円

鎌田慧著
四六判304頁1400円

自然農の果物づくり
川口由一監修　三井和夫 他著　A5判204頁1905円

農をつなぐ仕事
内田由紀子・竹村幸祐著　A5判184頁1800円

農福連携による障がい者就農
近藤龍良編著　A5判168頁1800円

農は輝ける
星寛治・山下惣一著　四六判208頁1400円

農産加工食品の繁盛指南
鳥巣研二著　A5判240頁2000円

自然農の米づくり
川口由一監修　大植久美・吉村優男著　A5判220頁1905円

大磯学──自然、歴史、文化との共生モデル
伊藤嘉一・小中陽太郎 他編　四六判144頁1200円

種から種へつなぐ
西川芳昭編　A5判256頁1800円

地域からの農業再興
蔦谷栄一著　四六判344頁1600円

農産物直売所は生き残れるか
二木季男著　A5判272頁1600円

自然農にいのち宿りて
川口由一著　A5判508頁3500円

快適エコ住まいの炭のある家
谷田貝光克監修　炭焼三太郎編著　A5判100頁1500円

植物と人間の絆
チャールズ・A・ルイス著　吉長成恭監訳　A5判220頁1800円

農本主義へのいざない
宇根豊著　四六判328頁1800円

文化昆虫学事始め
三橋淳・小西正泰編　四六判276頁1800円

小農救国論
山下惣一著　四六判224頁1500円

タケ・ササ総図典
内村悦三著　A5判272頁2800円

育てて楽しむ ウメ 栽培・利用加工
大坪孝之著　A5判112頁1300円

育てて楽しむ 種採り事始め
福田俊著　A5判112頁1300円

育てて楽しむ ブドウ 栽培・利用加工
小林和司著　A5判104頁1300円

パーマカルチャー事始め
臼井健二・臼井朋子著　A5判152頁1600円

よく効く手づくり野草茶
境野米子著　A5判136頁1300円

野菜品種はこうして選ぼう
鈴木光一著　A5判180頁1800円

図解 よくわかるブルーベリー栽培
玉田孝人・福田俊著　A5判168頁1800円

現代農業考〜「農」受容と社会の輪郭〜
工藤昭彦著　A5判176頁2000円

農的社会をひらく
蔦谷栄一著　A5判256頁1800円

育てて楽しむ 梅酒・梅干し・梅料理
山口由美著　A5判96頁1200円

育てて楽しむ サンショウ 栽培・利用加工
真野隆司編　A5判96頁1400円

育てて楽しむ オリーブ 栽培・利用加工
柴田英明編　A5判112頁1400円

ソーシャルファーム
NPO法人あうるず編　A5判228頁2200円

虫塚紀行
柏田雄三著　四六判248頁1800円

〝食・農・環境・社会一般〟の本

創森社　〒162-0805 東京都新宿区矢来町96-4
TEL 03-5228-2270　FAX 03-5228-2410
http://www.soshinsha-pub.com
＊表示の本体価格に消費税が加わります

農の福祉力で地域が輝く
濱田健司 著
A5判 144頁 1800円

西川綾子の花ぐらし
西川綾子 著
四六判 236頁 1400円

育てて楽しむ エゴマ
服部圭子 著
A5判 104頁 1400円

解読 花壇綱目
青木宏一郎 著
A5判 132頁 2200円

図解 よくわかるブドウ栽培
小林和司 著
A5判 184頁 2000円

ブルーベリー栽培事典
玉田孝人 著
A5判 384頁 2800円

育てて楽しむ イチジク 栽培・利用加工
細見彰洋 著
A5判 100頁 1400円

育てて楽しむ スモモ 栽培・利用加工
新谷勝広 著
A5判 100頁 1400円

おいしいオリーブ料理
木村かほる 著
A5判 100頁 1400円

育てて楽しむ キウイフルーツ
村上覚 ほか著
A5判 132頁 1500円

身土不二の探究
山下惣一 著
四六判 240頁 2000円

ブドウ品種総図鑑
植原宣紘 編著
A5判 216頁 2800円

消費者も育つ農場
片柳義春 著
A5判 160頁 1800円

育てて楽しむ レモン 栽培・利用加工
大坪孝之 監修
A5判 106頁 1400円

農福一体のソーシャルファーム
新井利昌 著
A5判 160頁 1800円

未来を耕す農的社会
蔦谷栄一 著
A5判 280頁 1800円

農の生け花とともに
小宮満子 著
A5判 84頁 1400円

育てて楽しむ サクランボ 栽培・利用加工
富田晃 著
A5判 100頁 1400円

炭やき教本～簡単窯から本格窯まで～
恩方一村逸品研究所 編
A5判 176頁 2000円

九十歳 野菜技術士の軌跡と残照
板木利隆 著
四六判 292頁 1800円

エコロジー炭暮らし術
炭文化研究所 編
A5判 144頁 1600円

図解 巣箱のつくり方かけ方
飯田知彦 著
A5判 112頁 1400円

とっておき手づくり果実酒
大和富美子 著
A5判 132頁 1300円

分かち合う農業CSA
波夛野豪・唐崎卓也 編
A5判 280頁 2200円